GETZ & DONOVON
PACKERS.
MERCANTILE & MINING
HARDWARE.
TIN SHOP
BAKERY
TINSMITH
PILLBOX
DRUG
STORIA
THE ROO

KLONDIKE

TRANS NORTH

KLONDIKE
S.S. KLONDIKE

Hans-Gerhard Pfaff

KANADA Yukon

Wildnis, Goldrausch und abenteuerliche Straßen

Mit Reise- und Wandertips

Badenia Verlag

Seite 1:
Unweit der Hauptstadt Whitehorse zwängt sich der Yukon River durch den Miles Canyon. LEICA R6, Macro-Elmarit 2,8/60 mm.

Seiten 2/3:
Im Stil der 30er Jahre wurde der Raddampfer „SS Klondike" restauriert. Die 64 Meter lange „National Historic Site" liegt auf einer Sandbank am Yukon River, unmittelbar an der Robert-Campbell-Brücke von Whitehorse. FUJICA Panorama-Kamera G 617, Dia-Format 6 x 17 cm.

Seiten 4/5:
Weit reicht der Blick vom Midnight Dome, dem Hausberg von Dawson City, in das Land am Klondike und Yukon River. Widelux-Panorama-Kamera, Dia-Format 6 x 12 cm.

Seiten 6/7:
Nur mit einer Sondergenehmigung konnten wir auf den Eisfeldern des 22 000 qkm großen Kluane Nationalparks landen. FUJICA Panorama-Kamera G 617.

Seiten 8/9:
Der Dempster Highway, Kanadas einzige Straßenverbindung zum Eismeer, wurde erst 1979 eröffnet, er zählt zu den schönsten Allwetter-Schotterstraßen von Nordamerika. Schon nach 75 Kilometern Fahrtstrecke bietet sich dieser wildromantische Ausblick vom North Fork Pass zu den Tombstone Mountains.

Seite 10:
Über 200 Raddampfer waren während des Goldrausches von Whitehorse nach Dawson City auf dem Yukon River unterwegs, übriggeblieben ist nur noch die authentisch renovierte „SS Klondike", die als großes Wahrzeichen das Stadtbild von Whitehorse prägt.

Die Deutsche Bibliothek
CIP-Einheitsaufnahme

Kanada = Canada / Hans-Gerhard Pfaff. [Alle Fotos von Elvira + Hans-Gerhard Pfaff]. – Karlsruhe : Badenia-Verl. (Abenteuer heute)
NE: Pfaff, Hans-Gerhard; Pfaff, Elvira; Canada

Yukon : Wildnis, Goldrausch und abenteuerliche Straßen ; mit Reise- und Wandertips. – 1995
ISBN 3-7617-0312-0

Herstellung:
Badenia Verlag und Druckerei GmbH, Karlsruhe

Alle Fotos von Elvira und Hans-Gerhard Pfaff.
Die Kleinbildfotos wurden mit einer LEICA R6 aufgenommen;
alle doppelseitigen Panorama-Fotos entstanden mit einer
WIDELUX Panoramakamera im Dia-Format 6 x 12 cm und
einer FUJI Panoramakamera G617 im Dia-Format 6 x17 cm.
Als Fotomaterial kam ausschließlich der Fujichrome VELVIA RVP 135 und der VELVIA RVP 120 zum Einsatz.

Gestaltung:
Werner Münkel, Karlsruhe

Printed and bound in Germany

ISBN 3-7617-0312-0

Mein besonderer Dank gilt:

Klaus Roth, Director of Marketing, Tourism Yukon, Whitehorse
Patti Howlett, Marketing Officer, Tourism Yukon, Whitehorse

Heinz Willner, Canada Campers, Calgary
Hardy und Trix Ruf, Reinhard Semmel, Dalton Trail Lodge, Haines Junction
Erick Oles, Sifton Air, Haines Junction
Brent Liddle, Kluane National Park Reserve, Haines Junction
Chuck Holloway, Klondike Visitor's Association, Dawson City
Brenda Caley, Guggieville RV Campground, Dawson City
Chris Guichon, Trans North Air Helicopters, Whitehorse
Stella Pidborochynski und Tim Gregory, Northern Splendor Reindeer Farm, Whitehorse
Heinz Sauer, Pristine River Runs, Carmacks
Pat und Geraldine van Bibber, Minto Resorts Ltd., Whitehorse
dem Triple J Hotel, Dawson City und dem Edgewater Hotel, Whitehorse

Rainer Scherzer, Air Canada, Frankfurt
Gerry Diegmüller, ehemals Air Canada, Frankfurt
Georg Rübensal, Canadian Airlines Intl., Frankfurt
Karl-Heinz Limberg, Tourism Manager, Kanadisches Generalkonsulat, Düsseldorf
Franz Undorf, FUJI Europe, Düsseldorf
Georg Habedank, LEICA Camera GmbH., Solms
Dr. h.c. Horst A. Schmid, Edmonton
und meinem Lektor Georg Klaus, Kassel.

Inhaltsverzeichnis

KANADA

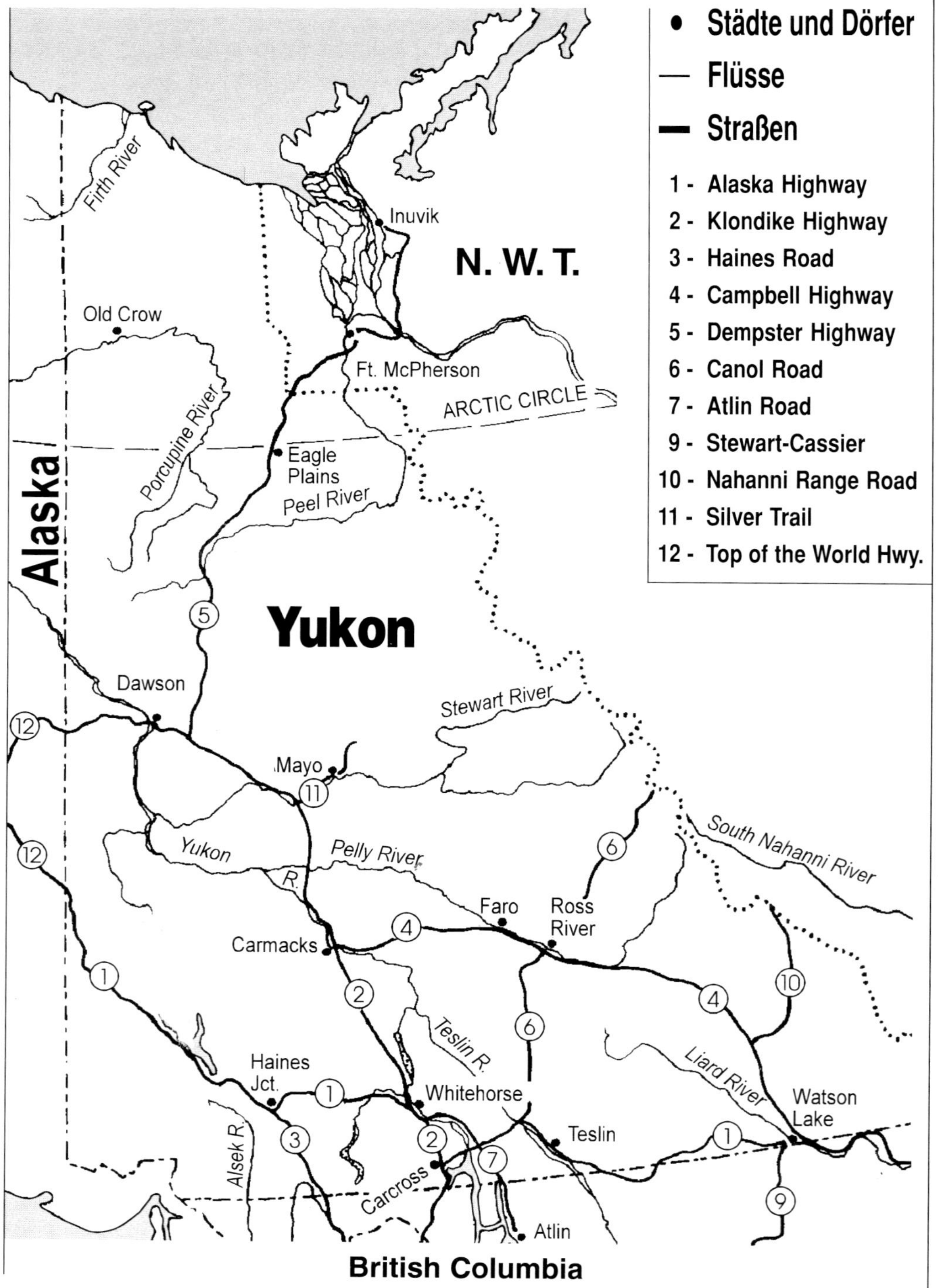
Städte und Dörfer
Flüsse
Straßen
1 - Alaska Highway
2 - Klondike Highway
3 - Haines Road
4 - Campbell Highway
5 - Dempster Highway
6 - Canol Road
7 - Atlin Road
9 - Stewart-Cassier
10 - Nahanni Range Road
11 - Silver Trail
12 - Top of the World Hwy.
N. W. T.
Yukon
Alaska
British Columbia
Inuvik
Ft. McPherson
ARCTIC CIRCLE
Old Crow
Firth River
Porcupine River
Eagle Plains
Peel River
Dawson
Stewart River
Mayo
South Nahanni River
Yukon R.
Pelly River
Faro
Ross River
Carmacks
Teslin R.
Liard River
Haines Jct.
Whitehorse
Teslin
Watson Lake
Alsek R.
Carcross
Atlin

Yukon Territory

Vorwort

Auf unserer Erde gibt es nur noch wenige abenteuerliche Reiseländer, deren Name allein das Fernweh weckt. Der *Yukon* gehört ohne Zweifel zu diesen Regionen. Seit Jack Londons Zeiten ist Kanadas einsamer Norden das Zauberwort für Abenteuer, menschenleere Wildnis, ungebrochener Natur und für die Verlockung des Goldes. Schon vor über 100 Jahren kamen mehr als 30 000 Glücksritter und Abenteurer in das Gebiet am Zusammenfluß von Klondike- und Yukon River. Damals fand man hier die größten Goldfelder, die jemals ausgebeutet wurden. Nur zwei Jahre dauerte der Yukon-Goldrausch; wie ein Spuk verschwand die Zeit der großen Nuggets, der rücksichtslosen Ausbeutung der Goldfelder folgten Jahre der Ruhe in dem zum größten Teil unbewohnten Land, das in der Sprache der Lucheuox-Indianer *Yukon* genannt wird und übersetzt heißt: *Großes, weites Land.*

Der *Yukon* ist bis heute eine unvorstellbare Wildnis geblieben, mit gewaltigen Gebirgen, Gletschern und Strömen, die im Unbenannten entspringen und im Menschenleeren münden. Doch auch in dieses fast 490 000 Quadratkilometer große Gebiet, offiziell benannt als *Yukon Territory*, das in seiner Fläche rund 1,3 mal größer ist als Deutschland, dringt die unaufhaltsame Zivilisation vor. Die unendliche Natur ist längst vermessen, kartographiert und durch gut ausgebaute Straßen erschlossen. Unberührt blieben die Legenden und romantischen Vorstellungen um den Mythos *Yukon*, der besonders durch die Geschichten von Jack London geprägt wurde.

Auch als meine Frau und ich vor zwölf Jahren das erste Mal in das *Yukon-Territorium* reisten, unterlagen wir dem Zauber vergangener Goldrauschzeiten. Wie schon viele vor uns versuchten wir erfolglos im kalten Flußbett des Klondike River das kostbare gelbe Metall zu finden, oder in dem damals einzigen legalen Spielkasino von Kanada, in Dawson City, die Bank zu sprengen. Mit Respekt und Ehrfurcht vor der gewaltigen Natur befuhren wir die einsamen Schotterstraßen des Nordens und konnten gerade am Yukon unsere unerfüllten Sehnsüchte nach Freiheit und Abenteuer stillen. Mittlerweile hat unser Bild von der unberührten Natur etwas an Glanz verloren. Selbst der Alaska Highway, noch vor zehn Jahren eine Schotterstraße mit tiefen Schlaglöchern, ist jetzt im *Yukon-Territorium* fast durchgehend asphaltiert. Die Wildnis ist leichter erreichbar, und demzufolge haben auch die Ureinwohner ihren Lebensstil und ihre Wertvorstellungen nach dem Vorbild der Weißen verändert.

Die ursprüngliche und atemberaubende Schönheit des Landes im Nordwesten Kanadas ist geblieben. Das sollen meine Fotos zeigen. Zudem bin ich der Frage nachgegangen, während i[illegible]um wiederholten Mal kreuz un[illegible]er durch das *Yukon-Territorium* st[illegible]e, welche Träume von Weite, Ein[illegible]nkeit, Unberührtheit und Abenteuer dieses faszinierende Land dem erwartungsvollen Besucher immer noch erfüllen kann.

Seiten 16/17:
Der Alaska Highway bei Haines Junction mit dem Kluane National Park im Hintergrund. Die wohl lebenswichtigste Verkehrsader des Yukon-Territoriums startet in Dawson Creek/British Columbia und endet nach 2450 Kilometern in Fairbanks/Alaska. FUJICA Panoramakamera-Foto im Dia-Format 6 x 17 cm.

Alaska Highway

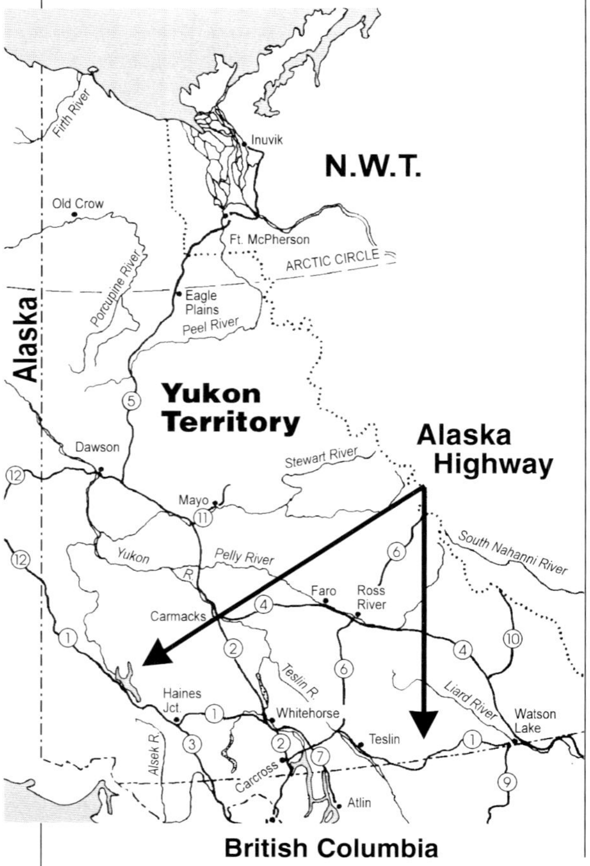

Laut dröhnen die Motoren unserer Boeing 737. Der Schub von über 22 000 Kilopond drückt uns tief in die Sitze. Schnell verlassen wir im Steilflug Whitehorse, die Hauptstadt des *Yukon-Territoriums*. Während der Jet der *Canadian Airlines* auf Südkurs geht, sehen wir unter uns das Asphaltband des *Alaska Highway*, der als Hauptverkehrsader diesen nordwestlichen Teil Kanadas durchzieht. Um die immer kleiner werdende Straße besser sehen zu können, muß ich meine Nase fest an das bullaugenähnliche Fenster der Maschine drücken. Interessiert werde ich dabei von meinem Platznachbarn, einem alten weißhaarigen Mann, beobachtet. Auch er versucht noch, einen letzten Blick auf die Straße zu erhaschen und sagt dabei zu mir gewandt: „Meine Güte, was haben wir geschuftet, um diese Straße zu bauen." Als ich ihn fragend anblicke, streckt er mir seine Hand entgegen und sagt: „Hallo, ich bin Lee, einer der überlebenden Angehörigen der Baukolonnen, die damals vor über 50 Jahren diese Straße nach Alaska bauten."

Nach einem kräftigen Händedruck stelle ich mich auch vor, erzähle daß ich Reisejournalist bin und gerade an einem Yukon-Buch arbeite. In dem ich auch über die Straßen, ihre Geschichte und ihre touristische Bedeutung berichten möchte. „Was für ein Glück, daß ich neben dir sitze! Ich kann dir wirklich alles über den *Alaska Highway* erzählen", freut er sich. „Ich hoffe, du hast etwas zu schreiben dabei, es gibt viel zu berichten und wir haben bis Vancouver, unserem Zielflughafen, wenig mehr als zwei Stunden Zeit." Unverzüglich krame ich mein Diktiergerät hervor, stelle es vor uns auf den kleinen Klapptisch: „Okay, dann laß uns keine Zeit verlieren." Aber so schnell geht es dann doch nicht, er zögert und kratzt sich ausgiebig am Kopf: „Wo fangen wir an? Bei unserem Jubiläumstreffen, dem Rendezvous '92, als wir noch einmal die Straße mit alten Kollegen abgefahren sind oder im Jahre 1942, als wir in acht Monaten mit fast 19 000 Mann die damalige Militärstraße aus dem Boden gestampft haben?" Schließlich beginnt er, die Zeit vor 50 Jahren lebendig werden zu lassen, als er als 21jähriger Soldat nach Dawson Creek abkommandiert wurde.

Er erzählt von Entbehrungen, von riesigen Moskitoschwärmen und von Bulldozern, die im Schlamm versanken. Sein Redefluß ist bald kaum noch zu bremsen. Es werden zwei fesselnde Stunden mit Berichten aus erster Hand über den Bau des *Alaska Highway*, der heute zu den Traumstraßen Nordamerikas zählt. Um seine Erlebnisse vollständig wiederzugeben, müßte der Umfang dieses Buches verdoppelt werden. Außerdem gibt es natürlich noch weitere Traumstraßen im *Yukon-Territorium*, die, wie ich meine, viel mehr Beachtung verdienen. Den abenteuerlichsten und landschaftlich reizvollsten Straßen habe ich deshalb ganze Kapitel gewidmet. Doch zurück zum *Alaska Highway*, der die erste Landverbindung zum späteren 49. amerikanischen Bundesstaat war. Auslöser zum Bau der Straße war der Angriff der Japaner während des Zweiten Weltkrieges auf Pearl Harbour und die japanische Besetzung einiger Aleuten-Inseln. Da Alaska zu diesem Zeitpunkt militärisch ungesichert und auch nur schwer auf dem Seeweg zu erreichen war, hatte man große Angst, daß die Japaner eine Invasion auf Alaska vorbereiten könnten. Deshalb starteten die USA schon zwei Monate später, am 2. März 1942, mit Einverständnis der Kanadier eines der größten Bauprojekte der damaligen Zeit. Da zu dieser Zeit kein verwertbares Kartenmaterial vorhanden war, setzte man meistens lokale Indianer und Trapper ein, um die kürzeste Strecke nach Norden zu finden. Wegen des Zeitdrucks wurden nur selten aufwendige Vermessungen vorgenommen, meistens walzten die Bulldozer-Führer nach ihren eigenen Vorstellungen eine Schneise durch die Wälder und Sümpfe. In der Regel schafften die Pioniere drei bis fünf Meilen (1 Meile = 1,609 Kilometer) pro Tag. Es wurde ein Wettlauf gegen die Zeit, denn der herannahende Frühling weichte die Trasse auf und ließ oft die schweren Kettenfahrzeuge im sumpfigen Gelände versinken. Hinzu kam noch die Unerfahrenheit der Pioniere, eine Straße durch Permafrost und Muskeg (sumpfige Tundra) zu bauen. Neben den 11 500 Soldaten wurden über 70 Firmen mit mehr als 7500 Zivilisten für das Projekt angeworben. Sie mußten auf der 2400 Kilometer langen Strecke über 133 Brücken bauen und rund 8000 Gewässerschleusen anlegen. Die letzte Lücke der ersten Überlandroute nach Alaska wurde nach einer Bauzeit von acht Monaten am 20. November 1942 im Streckenabschnitt *Soldiers Summit* am Kluane Lake im *Yukon-Territorium* geschlossen. An diesem Meilenstein 1200 reichten der Repräsentant der USA, General O'Connor und Kanadas Minister Ian Mackenzie unter dem Jubel der Soldaten und Bauarbeiter sich die Hände und gaben den Startschuß für den ersten Konvoi, der Kriegsgerät in Richtung Norden brachte. Zunächst war der *Alaska Highway* nur ein leidlich befestigter Fahrweg mit vielen Pontonbrücken, der sich wildromantisch durch unwegsames Gebiet zog. Erst 1948 wurde das 138-Millionen-Dollar-Projekt zeitweise für den zivilen Verkehr geöffnet. Im selben Jahr aber wieder für den normalen Verkehr geschlossen, zu viele Fahrzeuge gingen auf der immer noch abenteuerlichen Strecke zu Bruch. Doch schon ein Jahr später entschloß man sich erneut, die Stoßdämpfer und Reifen strapazierende Schotterpiste endgültig für den zivilen Verkehr freizugeben. Bis zum 1. April 1964 unterstand der *Alaska Highway* dem Militär, danach wurde er den zuständigen staatlichen Straßenbaubehörden zur endgültigen zivilen Nutzung übergeben.

Als wir vor zwölf Jahren zum ersten Mal auf dem *Alaska Highway* nach Norden fuhren, hatten wir ebenfalls mit vielen Schlaglöchern zu kämpfen und ein platter Reifen war obligatorisch. Wir mußten uns durch viele Baustellen quälen, an denen damals die Streckenführung begradigt und asphaltiert wurde. Doch jetzt erkannten wir unsere Traumstraße nicht wieder. Die 2400 Kilometer lange Schotter- und Schlammpiste ist heute bis auf eine kleine Strecke von rund 50 Kilometern durchgehend as-

Seiten 20/21:
Über 22 000 Menschen leben in Whitehorse, der Hauptstadt des Yukon-Territoriums. Sie entstand während der Goldgräberzeit als Rastplatz am Yukon River und wurde erst 1953 zum politischen Mittelpunkt des 482 515 Quadratkilometer großen Gebietes im Nordwesten Kanadas.

Siehe hierzu Abbildung Nachsatz.

phaltiert. Mittlerweile ist auch die Versorgung der Touristen ausgezeichnet gewährleistet: mit Rast- und Campingplätzen, Tankstellen und Motels.
Bleibt noch zu erwähnen, daß bei Watson Lake im südöstlichen Teil des *Yukon* ein Bausoldat namens Carl Lindley 1942 einen außergewöhnlichen Schilderwald errichtete. Aus Heimweh stellte er hier am *Alaska Highway* ein Schild mit dem Namenszug seiner Heimatstadt auf. Dieses Beispiel machte Schule. Schon bald fügten vorüberfahrende Touristen nach und nach weitere Schilder hinzu. Mittlerweile wuchs der „Signpost forest" auf über 18 000 Orts- und Namensschilder an (vor zehn Jahren waren es gerademal 2400), aufgrund seiner Größe mußte er nun umgesetzt werden. Der kleine Ort Watson Lake wird auch „Gateway to the Yukon", das Tor zum Yukon genannt, denn hier in der Nähe des historischen Meilensteins 627 beginnt das *Yukon-Territorium*. Rund 1700 Menschen leben in dem Ort, der hauptsächlich vom Tourismus und von der Versorgung für Trapper und Minengesellschaften lebt.
Hier möchte ich auch meine Wegbeschreibung beginnen, die in diesem Kapitel den *Alcan* bis zur Grenze nach Alaska skizzieren soll. Als Fortbewegungsmittel schlage ich den neuesten „Trend" vor, der zwar von den Kanadiern seit vielen Jahren genutzt wird, aber von uns Europäern ganz selten einmal gewählt wurde. Es ist der „Fifth-Wheeler", benannt nach dem Wohnanhänger als fünftes Rad, die sehr interessante Variante eines Motorhomes. Dieses Fahrzeug besteht aus einem pritschenwagenähnlichen Kleinlastwagen und einem Wohnanhänger, der mittels einer Auflagekupplung mit dem Zugfahrzeug verbunden ist. Auch wir übernahmen wie viele Europäer, mit viel Skepsis im letzten Juni in Whitehorse das ungewohnte Wohnwagengespann. Wir konnten uns nur schwer vorstellen, daß wir mit diesem langen Ungetüm auf den Schotterstraßen des *Yukon* zurechtkommen würden. Um es vorwegzunehmen, seit dieser Zeit sind meine Frau und ich überzeugte Fifth-Wheeler-Fans, denn mit dieser Kombination befuhren wir Wildnisstraßen, die wir niemals mit einem Pkw, Motorhome oder Pick-up-Camper bewältigt hätten. Oft bewegten wir uns nur mit dem Zugfahrzeug, das eine große Bodenfreiheit hat, wobei der Wohnanhänger abgekuppelt auf einem Campingplatz stehenblieb. An dieser Stelle gilt mein besonderer Dank Heinz Willner, der in Whitehorse eine Vermietstation betreibt und speziell dieses Gefährt anbietet.
Nach über einer Stunde Fahrtzeit führt der Weg gen Norden kurz vor dem Ort Teslin über die Nisutlin-Bay-Brücke. Mit 584 Metern Spannweite ist sie die längste Brücke über den Alcan. Der Name Alcan ist übrigens eine Wortschöpfung, die sich aus Alaska und Canada zusammensetzt. Teslin selbst ist in erster Linie eine Indianersiedlung und wurde schon 1903 als Handelsposten genutzt. Hier leben die Nachkommen aus dem Stamme der *Tlingit-Indianer*, mit fast 500 Einwohnern bilden sie die größte indianische Siedlung im *Yukon-Territorium*. Kurz vor der nächsten Brücke, die über den Teslin River

führt, trifft bei Johnson's Crossing die *Canol Road* auf den *Alaska Highway*. Eine 450 Kilometer lange wildromantische und einsame Schotterstraße. Sie wurde, wie der *Alaska Highway*, während der letzten Jahre des Zweiten Weltkrieges in Rekordzeit gebaut. Später im Kapitel 6 werde ich ausgiebig über unser Abenteuer auf der *Canol Road* berichten. Nach weiteren 30 Kilometern erreichen wir bei der Tankstelle von Jakes Corner eine Kreuzung, von der zwei interessante Straßen nach Süden abzweigen. Beide sehr empfehlenswerte Straßen sind Sackgassen und führen im weiteren Verlauf nach British Columbia, bzw. nach Skagway/Alaska. Die *Atlin Road*, eine All-Wetter-Schotterstraße, endet nach etwas über einer Stunde Fahrtzeit am Atlin Lake, einem kristallklaren See, der über 145 Kilometer lang und von hohen Bergen umschlossen ist. Die andere Straße, die *Tagish Road* trifft im weiteren Verlauf bei Carcross auf den *Klondike Highway*, eine durchgehend asphaltierte Straße, die ich ebenfalls in einem separaten Kapitel ausführlicher beschreiben werde.

Und dann endlich erreichen wir die Landeshauptstadt Whitehorse. Mit 22 250 Einwohnern ist sie heute die größte Siedlung weit und breit. Ein reines Verwaltungs- und Versorgungszentrum, das beim Bau des *Alcan*, den verwegenen Charme einer Goldrauschstadt verlor. Damals explodierte die Einwohnerzahl von 800 auf über 2000 innerhalb eines halben Jahres. Bis zu dieser Zeit war Whitehorse ein Umschlagplatz für Zehntausende von Goldsuchern, die zu den Goldfeldern am Yukon und Klondike River unterwegs waren. Einen ersten Aufschwung erlebte Whitehorse, als im Jahre 1900 die Schmalspurbahn der *White Pass & Yukon Route Railway* gebaut wurde. Sie verband den alaskanischen Hafenort Skagway mit dem Yukon River. Hier wurden unterhalb der gefürchteten Stromschnellen am Miles Canyon Passagiere und Fracht auf große Schaufelraddampfer verladen, die dann bis nach Dawson City, der Hauptstadt des Goldes, verschifft wurden. Einer dieser Raddampfer ist die *SS Klondike*. Das 64 Meter lange Schiff mit dem geringen Tiefgang wurde im Jahre 1966 liebevoll restauriert und direkt neben der Robert-Campbell-Brücke an Land gesetzt. Mittlerweile ist dieser Platz als „National Historic Site" (Nationales Denkmal) ausgewiesen und ohne Zweifel die touristische Hauptattraktion der Stadt. Eine weitere Sehenswürdigkeit ist das in der First Avenue gelegene *McBride Museum*, das jährlich vom 15. Mai bis 15. September geöffnet ist. Hier und in der angeschlossenen Freilichtabteilung wird die Geschichte des *Yukon-Territoriums* dokumentiert und mit vielen Goldgräberartefakten eindrucksvoll dargestellt. Hinzu kommt noch eine Abteilung, in der besonders die Indianerstämme und ihre Kunstgegenstände vorgestellt werden. Wer den Geist der Gold-Rush-Epoche noch einmal nachempfinden möchte, erlebt dies am besten bei einer Show im Hotel *Westmark Inn*. Hier werden alljährlich von Juni bis Mitte September die klassischen Stücke und Geschichten von Robert W. Service im Rahmen der

Seite 24:
Im Westmark Hotel von Whitehorse kann man die Tänzerinnen der Frantic Follies Vaudeville Show beim Cancan bewundern, die noch einmal die wilde Zeit der Goldgräber aufleben lassen.

Seite 25:
Ein echter Mann der Wildnis, der Trapper Dennis Bobine aus der Gegend von Dawson City.

Frantic Follies Vaudeville Revue perfekt inszeniert. Eine rechtzeitige Kartenreservierung Telefon (403) 668-2042 ist wegen der vielen Bustouren, die im *Westmark Inn* Station machen, zu empfehlen. Wer sich nach der Show in das Nachtleben stürzen möchte, hat in dem Dorf mit Weltstadtcharakter vielfältige Möglichkeiten. Der Nachtclub *Trapper*, ebenfalls im *Westmark Inn* zu finden, bietet seriöse und gediegene Unterhaltung mit Live-Musik. Laut und eng geht es in der Disco im *Capital Hotel* in der Main Street zu. Besonders wenn die Hausband auftritt, muß man Schlange stehen, um Einlaß zu finden, selbst im letzten Februar war hier nur schwer ein freier Platz an der Theke zu bekommen. Den schlechten Ruf, der dieser Musikkneipe vorauseilt, fanden wir nicht bestätigt, wir fühlten uns sehr wohl unter den „Outdrops" des *Yukon*. In unmittelbarer Nähe liegt u. a. das gerade renovierte Edgewater Hotel, eine empfehlenswerte Adresse mit gutem Preis-Leistungs-Verhältnis und ausgezeichneter Küche, die allerdings tief im Keller angesiedelt ist. Zu empfehlen ist auch eine Schiffsfahrt auf dem Schwatka Lake, der als Stausee den Yukon River im Süden der Stadt zähmt. Das Boot fährt auch durch die anschließenden Stromschnellen des berüchtigten *Miles Canyon*, eine enge Schlucht (siehe auch Titelbild), die man heute bequem auf einer Fußgängerhängebrücke überqueren kann. Bevor wir Whitehorse verlassen und weiter gen Norden fahren, informieren wir uns in dem neuerrichteten Besucherzentrum über die Sehenswürdigkeiten und Straßenzustände des *Alaska Highway*. Interessant ist der Baustil des Visitor Reception Centre, dessen feingliedrige Architektur an das Gerippe eines Eskimo-Kajaks erinnert. Einen ersten Eindruck vom *Yukon-Territorium* vermittelt hier eine interessante 20minütige Dia-Präsentation. Weitere Informationen erhält der Besucher auch täglich über das *Visitors Radio Yukon Gold* auf der UKW-Frequenz 96,1 Megahertz. Kaum hat man die Stadtgrenzen von Whitehorse hinter sich gelassen, wird der Straßenverkehr schon merklich ruhiger. Selbst in der Hauptreisezeit begegnen uns auf dem *Alaska Highway* nur wenige Fahrzeuge, von denen die meisten Campmobile sind. Unser nächstes Ziel ist Haines Junction, ein kleiner Ort, der ebenfalls bei der Enstehung des Highways übriggeblieben ist. Die Ortsmitte, geprägt durch eine Straßenkreuzung, wo die Haines Road, eine durchgehend asphaltierte Straße zum alaskanischen Fährhafen Haines abbiegt. Hier sollte man auf jeden Fall einen Halt einplanen. Entweder um nachzutanken, beim Bäcker knusprig-frisches Brot einzukaufen oder dem Besucherzentrum des *Kluane National Parks* einen Besuch abzustatten. Keine Angst, wer der englischen Sprache nicht so mächtig ist, während der Sommerzeit sind hier im *Kluane National Park Visitor Centre* viele deutschsprechende Kanadier angestellt.

Der Highway folgt nun der östlichen Grenze des Nationalparks und erklimmt schon bald den Pass *Bear Creek Summit*, der mit 1004 Metern die größte Steigung des *Alaska Highway* zwischen

Whitehorse und Fairbanks darstellt. Beim Kilometerstein 1693 weist ein historisches Schild auf eine Geisterstadt hin. An den Ufern des *Kluane Lake* liegen die verfallenen Blockhäuser von Silver City. Eine kleine Siedlung mit Handelsposten und Polizeiunterkünften, die von 1904–1924 eine Zwischenstation auf dem Weg von Whitehorse zu den Kluane-Goldfeldern war. Danach windet sich der Highway an der Uferlinie des riesigen Kluane Lake entlang. Direkt an der Straße befindet sich ein weiteres Besucherzentrum des National Parks, das *Sheep Mountain Visitor Information Centre*, es bietet mit aufgestellten Teleskopen eine gute Möglichkeit, an den nahen Steilhängen Bergschafe zu beobachten. Noch eine ganze Weile ist der Kluane-See vom Highway aus zu sehen, es geht durch die Siedlungen von Destruction Bay und Burwash Landing, die ebenfalls dem Bau der Straße ihr Leben verdanken. Nachdem wir die breiten und eindrucksvollen Flußtäler der Gletscherflüsse von Donjek und White River überqueren, öffnet sich allmählich die Landschaft und immer öfter wechseln sich riesige Sumpfgebiete mit Tundrawäldern ab. Bei dem historischen Meilenstein 1202 (1934,7 Kilometer) wird schließlich Beaver Creek, Kanadas nordwestlichster Ort, erreicht. Die Ansiedlung selbst hätte mit seinen 100 Einwohnern normalerweise außer einer Tankstelle, einer Besucherinformation und dem riesigen Motelkomplex (174 Zimmer) der *Westmark-Inn*-Hotelkette nichts zu bieten, wenn da nicht *Idas Motel & Café* wäre. Nachdem das 14-Zimmer-Motel von Walter Kropius, einem Deutschkanadier aus Norddeutschland vor zwei Jahren ausbrannte, erstrahlt es nun in einem neuen pinkfarbenen Outfit. Doch die aufdringliche Farbe ist nur äußerlich. Angenehmer ist es drinnen mit Einheimischen an der Bar zu sitzen, ihnen beim „Cribbage“ zuzusehen, einem kanadischen Kartenspiel, bei dem man zusätzlich auf einem Brett Holzstifte bewegen muß. Oder aber Idas Töchter Kathy und Gale kennenzulernen, die sind nämlich so ganz nebenbei kanadische Meisterinnen im Armdrükken. Wer im Januar oder Februar hier unterwegs ist, der kann gleich hinter Beaver Creek die Wanderungen der Cariboos (Rentiere) verfolgen. Denen machen Temperaturen von minus 33° Celsius nichts aus, die wir im letzten Februar hier erlebten. Es kann aber auch kälter werden, wie Ende Februar 1942, wo hier minus 62,8° Celsius gemessen wurden. Dieser Kälterekord wurde bis heute nicht gebrochen.

Nach 30 Kilometern erreichen wir die Grenzstation nach Alaska. Die Einreiseformalitäten sind schnell erledigt und weitere 480 Kilometer sind noch zu bewältigen, um in Fairbanks den Endpunkt der Traumstraße zu erreichen. Beide Regierungen müssen übrigens mehr als 20 Millionen Dollar zur Instandhaltung aufbringen, und das für eine Straße, die schon lange nicht mehr den Zweck erfüllt, für den sie gebaut wurde. Heute profitieren zum Glück die Besucher am meisten von der ehemaligen Militärstraße, die zu einer der reizvollsten Fernstraßen dieser Erde zählt.

Seiten 28/29:
„Regenbogensee“ nennen die Yukoner den Emerald Lake am Klondike Highway, der aufgrund von Kupferoxyd das Wasser smaragdgrün zum Leuchten bringt. Fotografiert mit einer WIDELUX Panoramakamera im Dia-Format 6 x 12 cm.

Klondike Highway

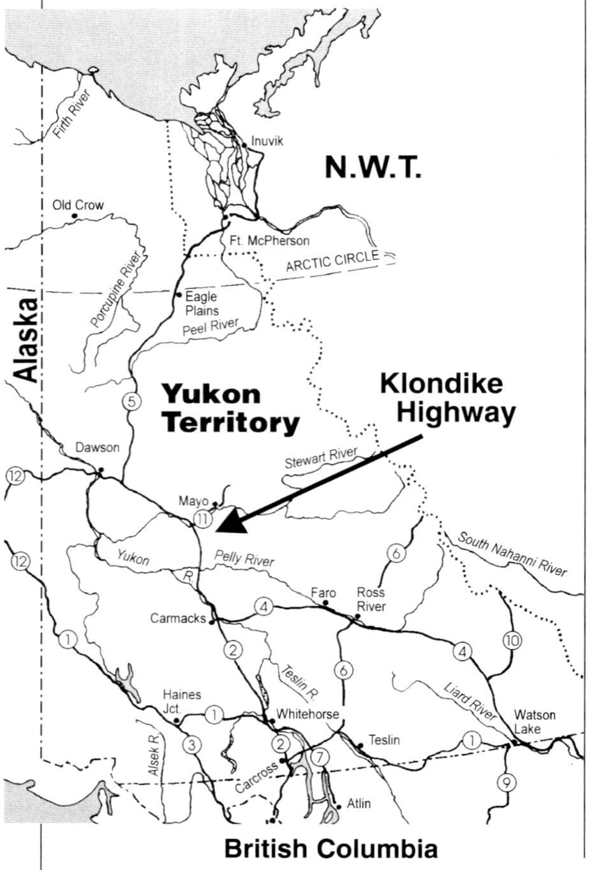

Planmäßig und sanft landet unsere Maschine auf dem Flughafen von Vancouver. Tiefhängende Regenwolken trüben meine Sicht auf die Millionenstadt an Kanadas Westküste. Trotz dieses miesen Wetters rasselt unser Flugkapitän seine Begrüßungsformel fröhlich über den Bordlautsprecher: „Willkommen in Vancouver, wir haben zur Zeit eine Außentemperatur von plus 9° Celsius und es ist genau 14.00 Uhr Ortszeit. Vielen Dank, daß Sie mit Canadian Airlines geflogen sind.“ „Hast du das gehört, es ist hier wie im Sommer“, brüllt mir mein Platznachbar ins Ohr. „Wir werden mit unseren Daunenjakken ganz schön ins Schwitzen kommen“, erwidere ich ebenso lautstark, während unsere Maschine zur Fluggastbrücke rollt. Mein Nachbar, das ist immer noch Lee, der Rentner, der mir mit seiner Beschreibung des *Alaska Highway* den Stoff für das erste Kapitel dieses Buches lieferte. Gemeinsam fahren wir die Rolltreppe in die Empfangshalle hinunter. „Hast du noch Zeit für'n Kaffee?“ fragt er immer noch etwas zu laut. „Ich werde zwar abgeholt, aber für einen Kaffee habe ich ganz bestimmt noch Zeit“, sage ich und hoffe, daß Lee noch ein paar Storys aus der wilden Zeit des *Yukon* zum besten gibt. Kaum haben wir in dem hektischen Flughafengebäude einen Sitzplatz gefunden, erscheinen auch schon meine Freunde Gaby und Martin, die versprochen hatten, mich vom Flughafen abzuholen. Die beiden Deutschkanadier, deren Leben ich in meinem Buch „*Kanada–Alberta*“ beschrieben hatte, haben vor ein paar Jahren Calgary verlassen, um hier in Vancouver ihren Traum vom Wohnen an der Pazifikküste zu erfüllen. Als sie meine verfrorene Nase sehen, fragen sie erschrocken: „War es denn so kalt im *Yukon*?“ Ich antworte mit einer Gegenfrage: „Habt ihr schon mal bei minus 45° Celsius auf einer offenen Toilette gesessen?“ „Davon mußt du uns mehr erzählen“, verlangt Martin schadenfroh lächelnd, während wir zum Parkplatz gehen. Von Lee muß ich mich verabschieden, er hat einen Anschlußflug, der ihn zurück in die Vereinigten Staaten bringt. Ich gewöhne mich langsam an die neuen Wetterverhältnisse und bin sehr froh, daß ich die extremen Temperaturen im *Yukon* einigermaßen schadlos überstanden habe.

Dabei fing alles im letzten Sommer so harmlos an, als wir bei unserer Reise durch den *Yukon* den Trapper und Bootsführer Heinz Sauer kennenlernten. Er ist ein Deutscher, genauer gesagt: ein Bayer, der vor zwanzig Jahren nach Kanada auswanderte und im Sommer auf dem Yukon River Bootstouren zum historischen *Fort Selkirk* anbietet. Ein sechs Stunden langer Trip, der in der Nähe des *Klondike Highway* bei der ehemaligen Siedlung Minto startet und zu dem Fort, das nur über den Yukon-River-Wasserweg erreichbar ist, führt. Schon 1848 wurde *Fort Selkirk* am Zusammenfluß des Yukon und des Pelly River gegründet, vier Jahre später von Küsten-Indianern niedergebrannt und im Zuge des Goldrausches wiederaufgebaut. Gerade in den letzten Jahren wurde die verlassene Blockhaus-Siedlung mit Kirche, Schule und Polizeiposten restauriert. Damals, im Sommer des vergangenen Jahres, fragte ich Heinz, wovon er im Winter lebt, wenn der Yukon River zugefroren ist. Ohne Umschweife antwortete er: „Ich bin Fallensteller." Im ersten Moment war ich sprachlos. Da stand also einer dieser Tierfänger vor mir, die Tiere nur wegen ihrer Pelze töten. Für mich ein Lebensunterhalt, dem ich mit entschiedener Ablehnung gegenüberstehe. Seit vielen Jahren bekämpfe ich im Rahmen meiner Möglichkeiten das Fallenstellen in Kanada. Vor allem während meiner Dia-Vorträge gehe ich auf die unerfreulichen Seiten dieser vorgeblich guten alten kanadischen Tradition ein. Feinfühlig wie er ist, spürte Heinz sofort meine Abwehrhaltung. „Ich merke schon, du hast dieselben Vorurteile, wie die meisten Menschen, die noch nie im Busch gelebt haben. Du solltest mal einen Winter hier in der Wildnis verbringen, dann wirst du deine Meinung ändern und mehr Verständnis für das Fallenstellen aufbringen." „Soll das eine Einladung sein?" fragte ich an. „Was denn sonst, wenn es um meinen Beruf geht, mache ich keine Witze", bestätigte er mit seiner ruhigen Stimme, der jede Hektik fremd zu sein scheint. Ohne die Folgen zu bedenken, sagte ich spontan: „Okay, ich nehme dich beim Wort, im nächsten Winter besuche ich dich im Yukon." Das Thema Fallenstellen und auch die Lebensbedingungen dieses Menschen reizten mich zu sehr, um der Einladung nicht Folge zu leisten.

Sein flaches Yukon-Boot hat Heinz, der nach zwanzig Jahren Aufenthalt in Kanada immer noch Deutsch mit bayerischem Akzent spricht, unmittelbar am Campingplatz vom *Minto Resort R.V. Park* liegen. Hier bei Minto gibt es nichts Besonderes zu besichtigen, es erinnern nur noch ein paar verfallene Blockhäuser an eine Indianersiedlung, die 1954 aufgegeben wurde. Trotzdem ist Minto, an den Ufern des Yukon gelegen, eine wichtige Station auf dem Weg nach Dawson City. Wer hier mit dem Camper unterwegs ist, sollte auf jeden Fall eine Nacht auf dem *Minto Resort Campground* einplanen, der von Pat und Geraldine Van Bibber betrieben wird. Der Name Van Bibber ist hier weit bekannt, er steht in enger Verbindung mit den Indianern vom Stamme der Selkirk, und Pat ist sogar ihr Oberhaupt. Auf ihrem Campground, der an der alten, fast zugewachsenen *wagon road* zwischen Whitehorse und Dawson City liegt, bieten sie 27 weiträumige Stellplätze, Duschen, Waschautomaten und sogar eine *dump station*, wo man Motorhome-Abwässer entsorgen kann. Hier kann man auch die Bootstouren von Heinz buchen, und sollte er sich nicht hier aufhalten, ist er über sein Radio-Telefon zu erreichen. Dieses Telefon ist ein Funkgerät, das man ganz normal über die Handvermittlung der Telefongesellschaft anrufen kann. Heinz Sauers Funkkanal lautet „Minto Channel" und sein Funkrufname ist „2 M 4551". Für langfristige Buchungen ist er auch über sein Postfach 127, das sich in Carmacks befindet, zu erreichen. Doch zurück zum Winter, der mich fast die Nase gekostet hätte. Als ich im letzten November bei den Eisbären von Manitoba war, um mein nächstes Kanada-Buch zu produzieren, erinnerte ich

Seiten 32/33:
Die Stromschnellen des Yukon River „Five Finger Rapids" waren einst das Haupthindernis für die Raddampfer auf dem mächtigen Fluß. Zur Sicherheit wurden die Schiffe mit langen Seilen durch die Engstelle gezogen. Fotografiert im September mit einer WIDELUX Panoramakamera im Dia-Format 6 x 12 cm.

mich an die Einladung von Heinz. Nach ein paar vergeblichen Funktelefonaten hatte ich ihn dann endlich an der Strippe. „In diesem Winter habe ich Zeit, dich zu besuchen. Ich bin aber immer noch ein Gegner des Fallenstellens. Bin ich dir trotzdem willkommen?“ „Jetzt im November ist eine ganz schlechte Zeit, mich zu besuchen, die Tage sind kurz, und Schnee haben wir auch noch nicht genügend“, antwortete er. „Aber wie sieht es mit deiner Zeit im nächsten Februar aus? Dann sind die Tage länger, und es ist nicht mehr so kalt.“ So verabredeten wir uns für Mitte Februar. Am Flughafen von Whitehorse wollte er mich mit seinem Kleinlastwagen abholen, und übernachten sollte ich in seiner winzigen Blockhütte, die am Yukon River fernab jeglicher Zivilisation liegt.

Und so landete ich vor ein paar Wochen auf dem Flughafen von Whitehorse. Sofort erkannte ich Heinz, der mich in der Empfangshalle erwartete. „Hallo, willkommen im bitterkalten *Yukon*“, begrüßte er mich und half mir bei meinem Gepäck. „Ich hoffe, du hast dir richtig warme Kleidung eingepackt. Für die nächsten Wochen sind extreme Kältegrade vorausgesagt.“ Wie recht er hatte, innerhalb weniger Tage hatte eine alaskanische Kaltfront das *Yukon-Territorium* in einen Eisschrank verwandelt, der die Tageshöchsttemperaturen auf minus 35° Celsius absinken ließ. Das Fahrzeug von Heinz Sauer hatte ich schnell auf dem Parkplatz erspäht. Es war immer noch der beige-braune und leicht verbeulte Truck, mit dem wir ihn schon im letzten Jahr in Minto gesehen hatten, und der gut seine zwanzig Jahre auf dem Buckel haben mußte. „Dann wollen wir mal dein Gepäck verstauen“, sagte Heinz Kaugummi kauend und wuchtete meinen Koffer auf die Ladefläche, die mit einem Schneemobil und Ölfässern beladen war.

Schnell brachten wir die hektische Großstadt (so nannte Heinz die beschauliche Hauptstadt des *Yukon*) hinter uns, um dann nach Verlassen der Stadtgrenze auf den *Klondike Highway* in Richtung Norden einzubiegen. Noch vor einigen Jahren war der *Klondike Highway,* wie gesagt, in vielen Abschnitten eine Schotterstraße. Heute ist die über 500 Kilometer lange Verbindung nach Dawson City durchgehend asphaltiert und ohne Probleme zu befahren. Doch im Winter ist dieser Asphalt mit Eisplatten übersät, das macht die Strecke teilweise zu einer gefährlichen Rutschbahn. Während der mehrstündigen Autofahrt nach Minto machte der Lärm im Inneren des Fahrzeugs jede Unterhaltung zunichte. Für den wortkargen Heinz, der seit vielen Jahren die Einsamkeit des kanadischen Busches bevorzugt, kam der Lärm vermutlich nicht ungelegen. Erst als ich das Gespräch auf das Für und Wider des Fallenstellens brachte, taute er auf und ereiferte sich, wieso Leute im fernen Europa über sein Leben als Trapper urteilen könnten und ihm womöglich vorschreiben wollten, was er zu tun und zu lassen habe. Die vielen Jahre in der Wildnis hätten sein Wissen über die Umwelt so geprägt, daß er sachkundig und sensibel mit der Natur umzugehen wisse. Man könne u. a. nur in einer intakten Umwelt Fallen stellen. „Doch laß uns später darüber diskutieren, wenn wir uns nicht so anschreien müssen", rief er und konzentrierte sich wieder auf das Fahren.

In den späten Nachmittagsstunden erreichen wir den Campingplatz von Minto Resort, der jetzt im Winter natürlich geschlossen war. Hier hatte Heinz sein Schneemobil etwas versteckt im Busch geparkt. Das zweite, das wir auf der Ladefläche hatten, hatte er für mich besorgt. Jetzt fing unsere Reise zu seiner Hütte, die nochmals über 80 Kilometer weit (ebenfalls versteckt) im Busch liegt, erst richtig an. Von hier aus gibt es keine Straße mehr, ab jetzt konnten wir uns nur noch mit dem Schneemobil durch die Wildnis bewegen. Heinz schätzte die Temperatur auf mindestens minus 38° Celsius und empfahl mir: „du mußt besonders dein Gesicht schützen, sonst hast du dir schnell Erfrierungen eingehandelt." Doch das war leichter gesagt als getan, denn sobald ich meine Gesichtsmaske bis zu den Augen hochzog, bedeckte der sofort gefrierende Atem meine Brille mit einer dicken Eisschicht, und ich sah nichts mehr. Also nahm ich meine Stoffmaske wieder etwas aus dem Gesicht und versuchte, den notwendigen Durchblick zu bekommen. Heinz mahnte zur Eile: „Wir müssen noch weit durch den Busch fahren. Vor 10.00 Uhr sind wir nicht an meiner Hütte."

Stundenlang fuhren wir im Schrittempo in den Spuren, die Heinz zwei Tage zuvor gelegt hatte. Immer tiefer grub sich die Kälte in mein Gesicht. Bei einem Halt bemerkte ich, daß ich in meiner Nase kein Gefühl mehr hatte. Besorgt schaut sich Heinz meine bleiche, abgestorbene Nase an und rieb sie mit Schnee ein. „Hoffentlich ist sie nicht erfroren", murmelte er. Nach weiteren zwei Stunden Fahrt legten wir einen längeren Stopp ein und ich erkundigte mich: „Ist es noch sehr weit bis zu deiner Hütte?" Als hätte ich es selber wissen müssen, antwortet er knapp: „Wir haben noch nicht einmal die Hälfte zurückgelegt." Der Schreck fuhr mir in die durchgefrorenen Glieder, denn ich war jetzt schon fix und fertig. Die Arme schmerzten vom Lenken, die Fingerspitzen spürte ich nicht mehr, und die Zehen waren bestimmt auch schon erfroren. Am liebsten wäre ich sofort nach Whitehorse zurückgekehrt, um mich im *Edgewater Hotel* oder im *Westmark Hotel* unter eine heiße Dusche zu stellen. Daß es gleich am Anfang so beschwerlich werden würde, hatte ich mir im letzten Sommer bei meiner Zusage nicht vorgestellt. Da ich mich aber als Reisejournalist verstehe und nicht als Schriftsteller, der Dichtung und Wahrheit getrost vermengen darf, beschloß ich, mich weiter den Unbilden des Winters im *Yukon* tapfer auszusetzen.

Die Orientierung hatte ich schon seit Stunden verloren, hinter jeder Wegbiegung hoffte ich insgeheim, daß die heißersehnte Hütte vorzeitig auftauchte. Der Trail war schmal und eng. Jeder Baum stellte ein bedrohliches Hindernis dar. Endlich, endlich lichtete sich der dunkle Wald, und auf einer Lichtung entdeckte ich schemenhaft im Licht des Halbmondes ein kleines Blockhaus. Völlig steif gefroren ließ ich mich vom Schneemobil fallen. Bevor wir die Hütte

Seite 36:
Für unseren Fifth-Wheeler, Zugmaschine mit Wohnanhänger, fanden wir auf dem Campingplatz von Minto Resorts Ltd. einen idyllischen Stellplatz, der sich in unmittelbarer Nähe des Klondike Highway am Steilufer des Yukon River befindet.

Seite 37:
Nur mit dem Boot ist der ehemalige Handelsposten der Hudsons Bay Company, Fort Selkirk, zu erreichen. Er wurde 1848 von Robert Campbell gegründet, der als erster Weißer in das Gebiet des heutigen Yukon-Territoriums eindrang. Die restaurierten Häuser und die angrenzenden Indianergräber werden heute von einigen freiwilligen Helfern vor dem Verfall bewahrt.

Terry
SOUTHSIDE R.V

betraten, ging Heinz zu einem Thermometer, das am Dachbalken befestigt war, im Schein der Taschenlampe zeigte es minus 45° Celsius. „Wenn heute Nacht keine Wolken aufkommen, können wir mit minus 50° Celsius rechnen", mutmaßte er und jagte mir einen weiteren Schauer über den tiefgefrorenen Rücken. Andererseits war mir beinahe alles egal, wenn er nur so schnell wie möglich Feuer in seiner Hütte machte, die ich für längere Zeit mit ihm teilen sollte. Aber zunächst erläuterte er mir die Regeln für unser Zusammenleben: „Du schläfst hier mit deinem Schlafsack auf dem Fußboden vor dem Ofen. Über mein Bett kannst du nicht verfügen, das brauche ich für mich. Das Essen bereite ich zu, und das Abwaschen übernehme ich auch. Von dir erwarte ich lediglich, daß du Lärm vermeidest und nicht so viel redest."

Nach einer Nacht, in der ich weit entfernt das Heulen von Wölfen hörte, glimmte das Feuer immer noch in dem Yukon-Ofen (einem alten, umgebauten Ölfaß). Schnell hatte Heinz einen wärmenden Kaffee zubereitet. Seine *cabin* ist im wahrsten Sinne des Wortes eine Hütte. Sie ist gerade mal 2,50 Meter breit und knapp 4 Meter lang. Platz genug für ein Bett, einen Stuhl, einen Sessel, einen offenen Schrank und eine Spüle mit Ablauf in einen Eimer. Ganz klar, daß es hier keinen Strom und kein fließendes Wasser gibt. Doch nur wenige Schritte entfernt befindet sich eine Quelle mit klarem Wasser. Zu meiner Überraschung stellte ich fest, daß sie bei diesen tiefen Temperaturen nicht zugefroren war.

„Normalerweise kontrolliere ich täglich meine Fallen, da ich aber wegen dir einen Tag aussetzen mußte, müssen wir sofort nach dem Frühstück auf meine Trapline", sagte Heinz, während er die Motorschlitten überprüfte. Seine Trapline, die Strecke, auf der er seine Fallen aufgestellt hat, ist über 100 Kilometer lang und liegt völlig in der Einsamkeit des kanadischen Busches. Das riesige Gebiet ist auf seinen Namen registriert und befindet sich in der Nähe des Yukon und Pelly River. Auf dem Gebiet der Trapline liegt auch seine Hütte, deren genaue Lage ich aber auf seinen Wunsch hin nicht beschreiben möchte. Selbst als ich Heinz auf seine idealen Möglichkeiten aufmerksam machte, hier in der Wildnis gestreßten Menschen aus Deutschland besondere Urlaubsprogramme anzubieten, winkte er ab und sagte: „Laß mich in Ruhe mit den Abenteuer-Touristen, ich will weiter als Einsiedler leben. Dein Besuch bei mir wird eine große Ausnahme bleiben." Selbst der Filmschauspieler Hardy Krüger, der hier in der Nähe im Blockhaus von Sybill, einer langjährigen Lebensgefährtin von Heinz, seinen Film über den *Yukon* aus der Serie „Weltenbummler" drehte, bekam ihn nicht zu Gesicht.

Trotz der Wintersonne war es immer noch bitterkalt, und schon nach wenigen Metern auf dem Motorschlitten fing ich wieder an zu frieren. Wir fuhren wieder stundenlang durch den Winterwald, ab und zu hielten wir an, und Heinz kontrollierte seine Fallen. In den über 20 Fallen hatte sich diesmal kein Tier verfangen. Heinz meinte, daß in diesem

Jahr die Population der Hasen, die Hauptbeute der Luchse, sehr klein sei, und es aus diesem Grund auch kaum Luchse gebe. Im Gegensatz zum letzten Jahr, als er fast 50 dieser herrlichen Raubkatzen gefangen hatte. Die Felle muß er selbst gerben und sie dann mit einer Siegelmarke versehen. Wenn er nicht von Zeit zu Zeit ein Fell selbst verkauft, ist sein größter Abnehmer die *Yukon Trappers Association* in Whitehorse, die in erster Linie den heimischen und dann den asiatischen Markt beliefert. Am dicksten kam es für mich, als wir mit den Motorschlitten eine tiefe Schlucht überqueren mußten. Heinz hatte mit einfachen Mitteln eine Brücke gebaut: Zwei große Baumstämme bildeten die Träger, und darauf hatte er quer zur Fahrtrichtung Äste genagelt. Bei allem Mut, den ich für diese Tour aufbrachte, hier mußte ich kapitulieren. Aber auch Heinz wollte nicht, daß ich mit dem Motorschlitten über diese lebensgefährliche Knüppeldammbrücke fuhr und schickte mich zu Fuß voraus. Genaugenommen ging ich nicht zu Fuß. Über die schneebedeckten und eisglatten Äste rutschte und robbte ich mehr auf allen Vieren, als ich aufrecht ging. Meine Leica-Kamera R6, die bis jetzt die tiefen Temperaturen gut überstanden hatte, bekam beim Ausrutschen mehrmals harte Schläge ab, so daß ich das Schlimmste befürchtete. Danach wartete die nächste Anstrengung auf uns: Das Überqueren des Yukon River, den wir mehrmals kreuzten und uns dabei mit den Motorschlitten wie auf einer Achterbahn vorkamen. Die Strömung hatte den Fluß durch aufgetürmte Eisschollen in eine bizarre, beinahe unwirkliche Landschaft verwandelt. Manchmal brauchten wir fast eine halbe Stunde, um durch dieses Gewirr von einem zum anderen Ufer zu gelangen. Erst spät am Abend erreichten wir die von allen Strapazen erlösende Hütte wieder.

Aus seinem Eisschrank, der einfach aus einem Loch im Erdboden hinter der Hütte bestand, holte Heinz ein großes Stück Elchfleisch zum Auftauen. Es gab Elchgulasch mit Reis und klarem Quellwasser, denn Heinz trinkt keinen Alkohol und raucht übrigens auch nicht. Nach dem Essen kam dann endlich, wenn auch mühsam, unser Gespräch über das Fallenstellen in Gang. Ich fragte Heinz, warum er sich nicht eine leichtere Arbeit in der Stadt suche und die Tiere hier im Yukon in Frieden lasse. Einige seiner Antworten gaben mir zu denken: Schon vor vielen Jahren habe er sich dieses Leben im Busch selbst ausgesucht, um in der Natur und mit der Natur in Einklang zu leben. Er beschränke das Fallenstellen im Winterhalbjahr auf das für sein Auskommen nötige Maß. Das Stadtleben sei er gründlich leid, dorthin werde er niemals zurückkehren. „Und wie du weißt", fügte er hinzu, „ist das Fallenstellen in Kanada keine Erfindung des Weißen Mannes. Schon lange bevor er ankam, war es für die Indianer ein Teil des Überlebens in der Wildnis. Daß später die *Hudsons Bay Company* maßlos mit dem Fang von Bibern übertrieben hat, ist ein anderes Thema, das Gott sei Dank in diesem Jahrhundert beendet wurde." Ohne seine Stimme anzuheben, sagte er beschwörend: „Wer India-

Seite 40 oben:
Mit einem flachen Yukon-Boot fuhren wir über drei Stunden lang flußabwärts auf dem Yukon River nach Fort Selkirk.

Seite 40 unten:
Ganz in der Nähe des Yukon River wohnt der deutschstämmige Trapper Heinz Sauer, der mit seinen „Pristine River Runs" im Sommer Bootstouren nach Fort Selkirk und zu den Sheep Mountains durchführt.

Seite 41:
Versteckt an einem Seitenarm des Yukon River liegt die Blockhütte von dem Trapper Heinz Sauer. Für eine kurze Zeit teilte er im letzten Februar seine Blockhütte mit mir. Obwohl bei minus 45° Celsius meine LEICA-Kamera immer noch einsatzbereit war, verging mir bei diesen Minusgraden sehr schnell die Lust am Fotografieren.

In einer kleinen Blockhütte am Yukon River wohnt der Bootsführer und Trapper Heinz Sauer, der vor knapp 20 Jahren die hektische Großstadt München gegen die einsame Wildnis des Nordens eintauschte. Im Sommer lebt er von seinen Bootstouren, wo er auf dem Yukon River über sechs Stunden lang den Besuchern seine neue Heimat zeigt. Während des langen und kalten Yukon-Winters ist das Fallenstellen und Jagen seine einzige Erwerbsquelle. Als lizenzierter Trapper bewirtschaftet er ein Gebiet von über 9000 Quadratkilometer. Um sein Leben zu beschreiben, hatte er mich im letzten Februar in seine versteckte Blockhütte am Yukon River eingeladen. Bei minus 45° Celsius (siehe nächste Bildseite) erlebte ich hautnah den Winter im Yukon.

HANDY
°F
°C
120
100
80
60
40
20
0
20
40
60
50
40
30
20
10
0
10
20
30
40
50

nern und Inuit das Jagen und Fallenstellen verbietet, unterschreibt das Todesurteil für die Kulturen der Ureinwohner." Seine eigene Erfahrung bestätige, daß maßvolles Fallenstellen die Tierbestände auch nicht dezimiere.

Der vergangene Tag mit seinen körperlichen Anstrengungen forderte seinen Tribut, und wir löschten sehr frühzeitig die Petroleumlampe. Der Gang zum Thermometer am nächsten Morgen war schon Routine geworden. Es zeigte immer noch minus 45° Celsius, mit etwas steigender Tendenz. Heinz griff unser Gespräch vom Abend zuvor auf und zeigte mir seine Fallen. Fast alle *traps*, die nicht schnell töten, hat er ausgemustert. Für ihn, so versicherte er mir, sei es sehr wichtig, daß die gefangenen Tiere nicht leiden müßten. Den ganzen Tag verbrachten wir wieder auf seiner Trapline und besuchten dabei Ottmar, der mit Frau und Kleinkind aus der Schweiz eingewandert ist, um bei dem Rentner Hugh Bradley auf der *Pelly Farm*, die unmittelbar an der Mündung des Pelly in den Yukon River liegt, Kartoffeln anzubauen.

Am nächsten Tag fuhren wir zu einer Pelzschau nach Dawson City, zu der sich auch Heinz angemeldet hatte. Unter der Obhut von *game warden*, den staatlichen Jagdaufsehern, wird einmal jährlich in der Stadt des Goldrausches Trappern die Möglichkeit gegeben, sich mit ihren Fellen und Pelzen der Öffentlichkeit vorzustellen. Die Veranstaltung findet meistens während des *Yukon Quest* statt, dem kleineren, aber nicht minder harten Ableger des großen alaskanischen Hundeschlittenrennens „Iditoroad". Während des Hundeschlittenrennens, das wechselweise von Whitehorse nach Fairbanks verläuft, ist Dawson City eine wichtige Zwischenstation. Der sonst im Winter halb verlassene Ort ist dann mit Leben erfüllt, es haben ein paar Hotels geöffnet, und sogar *Diamond Tooth Gerties Gambling Hall*, die sonst im Winter geschlossene Spielhölle, öffnet für eine Nacht. Auch wenn Dawson City nur 250 Kilometer von Minto entfernt liegt, für uns war es eine lange Fahrt, die ja im Busch bei der Hütte von Heinz begann. Wir mußten uns wieder mit dem Schneemobil 80 Kilometer durch den fast unzugänglichen Busch kämpfen, danach über zwei Stunden das Motor- und Getriebeöl am geparkten Truck aufheizen, um schließlich auf den *Klondike Highway*, der jetzt im Winter sehr wenig befahren ist, einzubiegen. Spät in der Nacht erreichten wir Dawson City. Mit Müh und Not fanden wir gerade noch ein freies Zimmer im überfüllten *Downtown Hotel*. Laute Musik und bierselige Stimmung lockten uns gleich in die Hotelbar. Kaum hatten wir sie betreten, wurde Heinz auch schon freudig begrüßt. Dennis Babine, ein Trapper mit Stirnband und langem, wallendem Haar (s. S. 25), der aus der nahen Umgebung stammt, holte uns sofort an seinen Tisch.

Die Gespräche in dieser Tischrunde drehten sich nur um ein Thema: Das Fallenstellen. Nachdem ich ein paarmal das Wort *harvesting* gehört hatte (das übersetzt „ernten" heißt), man hier aber vom Fangen und Töten von Tieren sprach, platzte mir der Kragen: „Wie könnt ihr bloß das blutige Fallenstellen mit harmlosem Ernten gleichsetzen?!" Doch ich bekam in dieser Nacht keine zufriedenstellende Antwort auf meine Frage, sondern erntete Unverständnis bei den Trappern. „Seit über hundert Jahren heißt es ‚ernten', und wir denken uns nichts Schlechtes dabei", beharrten sie auf ihrer Gewohnheit. Als ich dann noch ihren verharmlosenden Begriff mit der Sprachpraxis der Baumfäller verglich, die ja auch den Kahlschlag der Bäume als *harvesting* bezeichnen, hatte ich auch den letzten gegen mich. Nach dem Schließen der Bar zogen wir auf das Zimmer von Heinz und diskutierten weiter bis zum frühen Morgen. Das Thermometer war an diesem Morgen, der für mich sehr spät begann, noch etwas tiefer gefallen. Ganz Dawson City war im eiskalten Würgegriff des Frostes, nur wer unbedingt das Haus verlassen mußte, war auf den Straßen zu sehen. So langsam hatte ich mich an die Temperaturen des *Yukon* gewöhnt und wagte mich nach draußen, um einige Motive für die Kamera zu finden. Doch nach wenigen Schritten war meine Kamera mit einer dicken Eisschicht bedeckt. Nach ein paar Fotos von der Front Street suchte ich eine Möglichkeit zum Aufwärmen. Da ich direkt vor dem *Klondike Nugget & Ivory Shop*, dem ältesten Juweliergeschäft von Dawson stand und ein Schild in der Tür hing, daß man geöffnet habe, ging ich hinein. Die Freude war groß, als ich dort Uta, die deutschkanadische Besitzerin antraf, die mich sofort wiedererkannte, ich hatte sie während unserer Reisen im letzten Sommer und Herbst hier kennengelernt. Nach einem längeren Plausch und einem aufwärmenden Punsch besuchte ich die Pelzausstellung, die im Gemeindesaal der Indianer stattfand. Ich kam zur rechten Zeit, denn Heinz wurde gerade mit dem ersten Preis für den besten Wolfspelz ausgezeichnet. Außer einem Pokal, überreichte ihm der Vertreter der Jagdaufsichtsbehörde neuentwickelte Fallen, in denen die gefangenen Peltziere nicht groß leiden müssen. Die meisten Besucher, die den Weg nach Dawson City im Februar gefunden hatten, waren aber hier, um dem Spektakel des Hundeschlittenrennens beizuwohnen. Doch die über 40 Teams waren, wie ich, ein Opfer der Kälte geworden. Im Hotel war zu hören, daß die Meuten mit mindestens vier oder fünf Tagen Verspätung den Yukon bei Dawson City überqueren würden. So lange wollte Heinz auf keinen Fall warten, denn er mußte ja wieder seine Fallen kontrollieren. So fuhren wir auf dem eisglatten *Klondike Highway* zurück nach Minto, wo die Motorschlitten versteckt im Busch standen, die uns wieder zu seiner Hütte zurückbrachten. Viel zu schnell verging meine Zeit in der einsamen Hütte am *Yukon*. Jeden Abend diskutierten wir über das Fallenstellen. Die Argumente von Heinz haben mir zwar neue interessante Einblikke und Verständnisse für sein Leben als Fallensteller gebracht, aber so ganz überzeugen konnte er mich nicht.

Nach diesem eiskalten Erlebnis möchte ich nun zu den touristischen Höhepunkten des *Klondike Highway* kommen. Fangen wir im Süden an, dort wo der *Klondike Highway* beginnt. Genaugenommen hat er seinen Anfang in

Seiten 44/45:
Blick vom Top of the World Highway auf das im Winter verwaiste Dawson City. In den kalten Wintermonaten verwandelt sich der Yukon River bei Dawson City in eine Fahrstraße, auf der auch Lastwagen relativ sicher den Fluß überqueren können.

Alaska, in Skagway am Pazifischen Ozean. Hier kamen auch in den neunziger Jahren des letzten Jahrhunderts die meisten Goldgräber an, um sich dann auf den beschwerlichen Weg nach Dawson City zu begeben. Über 20 000 Menschen waren es damals, die sich auf den 53 Kilometer langen Chilkoot Trail begaben und dabei Verpflegung für ein Jahr mit sich führen mußten. Diese Auflage wurde streng von der kanadischen Polizei kontrolliert, so daß manch einer bis zu 20mal die Strecke zum Lake Bennet, eines der Quellgewässer des Yukon River, zurücklegen mußte. Später wurde dann, um den Weg zu den Goldfeldern zu erleichtern, im Jahre 1898 unter abenteuerlichen Bedingungen eine Schmalspurbahn von Skagway nach Whitehorse gebaut. Bis zum White Pass mußte ein Höhenunterschied von 860 Metern überwunden werden. Nach dem Goldrausch diente die *White Pass & Yukon Rail-Route* der US-Army, um in den vierziger Jahren die Bausoldaten nach Whitehorse zu befördern. 1982 wurde die Schmalspurbahn wegen Unrentabilität geschlossen, aber 1988 wieder für Touristen in Betrieb genommen. Sie zählt zu den landschaftlich eindrucksvollsten Bahnlinien der Welt. Atemberaubend führt sie an senkrecht abfallenden Felswänden vorbei. Die *Pitchfork Falls* sind nur einer von vielen Wasserfällen, die unmittelbar neben den Gleisen in die Tiefe stürzen. Die Fahrt in den von Dieselloks gezogenen historischen Waggons von Bennet nach Skagway dauert etwa zweieinhalb Stunden. Doch ebenso wildromatisch ist der fast parallel verlaufende *Klondike Highway*, der in diesem Abschnitt bis Whitehorse *Highway No. 2* genannt wird. Schon kurz hinter Skagway passiert man die Grenze, und dann geht es in Serpentinen steil bergauf. Nach 66 Kilometern erreicht man die kleine Siedlung Carcross am Lake Bennet. Interessant sind der *General Store* und die gegenüberliegende Besucherinformation. Vor zehn Jahren konnten wir hier noch einen alten Raddampfer aus der Zeit des Goldrausches bewundern. Nachdem er 1990 einem Brand zum Opfer fiel, sind jetzt nur seine verkohlten Reste zu sehen. Danach führt der *Klondike Highway* am Rainbow Lake vorbei, der wegen seiner Türkisfarbe auch Emerald Lake genannt wird und weltweit als berühmtes Yukon-Fotomotiv vermarktet wird (s. S. 28 und 29). Nach 100 Kilometern trifft der *Klondike Highway* auf den *Alaska Highway*, der dann im weiteren Verlauf schon bald die Hauptstadt erreicht. Wenn man Whitehorse in Richtung Alaska verläßt, beginnt an der nächsten größeren Kreuzung der nördliche Abschnitt des *Klondike Highway*. Die ebenfalls gut asphaltierte Strecke endet nach 526 Kilometern in Dawson City. Schon nach sechs Kilometern kommt der erste empfehlenswerte Stopp bei den heißen Quellen von *Takhini Hot Springs*. Hier kann man sich im 47° Celsius heißen Wasser sehr gut entspannen. Der nächste Halt ist nur wenige Kilometer entfernt. Bei der *Northern Splendor Reindeer Farm*, einer kommerziellen Rentierfarm, werden Rentiere als Geweihlieferanten gehalten, das Gehörn findet Abnehmer bis nach Japan. Hier kann man auch selbst einmal Rentiere füttern. Im weiteren Verlauf der Fahrt in Richtung Norden bietet der Campingplatz am Fox Lake eine ausgezeichnete Möglichkeit zur Übernachtung. Der nächste Ort Carmacks, benannt nach George Carmacks, der mit seinem Goldfund 1896 das Klondike-Goldfieber auslöste, er bietet alles, was der Reisende zur Versorgung braucht. Unmittelbar am Campingplatz der Stadt (16 Stellplätze) überspannt eine große Eisenbrücke den Yukon River, der sich nach einigen Kilometern durch die *Five Finger Rapids* zwängen muß, eine enge Felsenschlucht, die in früheren Zeiten vielen Raddampfern zum Verhängnis wurde. 219 Stufen führen von der Straße direkt zu einer Aussichtsplattform, die einen hautnahen Blick auf die Stromschnellen bietet, wo seinerzeit die großen Schaufelraddampfer mit Hilfe von langen Seilen, die oberhalb der Stromschnellen an Ankerwinden montiert waren, flußauf gezogen wurden. Von hier aus kann man in einer guten Tagesetappe über Stewart Crossing, wo der *Silver Trail* (siehe nächstes Kapitel) abbiegt, Dawson City erreichen. Dort, wo der phantastische Goldrausch im Herbst 1896 begann, als George Carmacks mit seinen indianischen Schwägern Skookum Jim und Tagish Charlie in einer einzigen Schüssel die damals riesige Menge Gold im Gegenwert von vier Dollar fand. Der eigentliche Gründer von Dawson City war ein Mann namens Joe Ladue, der sich nicht um das Gold kümmerte, sondern sich eine Schwemmsandbank am Zusammenfluß des Klondike River mit dem Yukon River sicherte. Seinen Anspruch machte er in Forty Mile geltend, einer Ansiedlung im benachbarten Alaska, wo schon viel früher der Goldrausch begann. Neben einem Sägewerk und einem Warenlager errichtete er auch einen Saloon. Schon der Grund und Boden, den er nach dem kanadischen Geologen George Dawson benannte, erwies sich für ihn schnell als Goldgrube. Für die Grundstücke zahlte man schon bald Preise bis zu 1500 Dollar pro Meter Straßenfront. Menschen, die neu in dieses Gebiet kamen, nahmen sich meistens nicht die Zeit, eine Hütte zu bauen. Sie suchten sich einfach einen Platz in der Nähe von Ladues Blockhütte und schlugen dort ihre Zelte auf. Denn für sie gab es nur eines: die noch nicht vergebenen Schürfrechte an den goldhaltigen Flüssen und Bächen der Umgebung zu sichern.

In der Hauptstadt des Goldrausches wohnten bereits 1896 über 500 Menschen in hastig aufgebauten Zelten. Schon ein Jahr später war Dawson City kurzzeitig mit über 30 000 Einwohnern eine der größten Siedlungen von Nordamerika. Nachdem die größten Goldadern ausgebeutet waren, und man 1899 von neuen sensationellen Goldvorkommen bei Nome in Alaska berichtete, versank der Ort in einen Dornröschenschlaf, blieb aber bis 1953 die Hauptstadt des *Yukon-Territoriums*. Der Weg zur Geisterstadt schien unaufhaltsam. Zu allem Übel trat 1979 der Yukon River über die Ufer und überschwemmte einen großen Teil der alten Häuser. In dieser Zeit stieg aber auch der Goldpreis beträchtlich und erweckte Dawson City zu neuem Leben. Das Erd-

Seite 48 oben:
Eines der ältesten Hotels von Dawson City, das Downtown Hotel, ein 60-Zimmer-Hotel, das sogar im Winter geöffnet hat.

Seite 48 unten:
Noch heute kann man in den Straßen von Dawson City den Geist der Goldrauschzeit spüren. Eine Kulisse aus Holzhäusern, die im Sommer zum Mekka der Jack London Fans wird.

Seite 49:
Ein Relikt aus der Blütezeit des Goldrausches, der Goldbagger „Dredge No. 4“. Als historisches Denkmal steht er am Bonanza Creek, 12,3 Kilometer entfernt vom Klondike Highway.

Seite 50:
In „Diamond Tooth Gerties Gambling Hall“, dem nördlichsten Spielcasino von Kanada, verspielen noch heute die Goldgräber ihr ausgewaschenes Gold.

Seite 51:
Der Kanadier Torfinn Djukastein, dessen Vorfahren aus Norwegen einwanderten, gehört zu den erfolgreichsten Goldsuchern des Klondike Gebietes. Mit schwerem Gerät, Radladern und acht Lastwagen gräbt er das vor knapp 100 Jahren ausgewaschene Gold noch einmal um. Auf dem linken Bild halte ich die Ausbeute eines Tages in der Hand.

Seite 52:
Im neuen Glanz erstrahlen die restaurierten Häuser in der Second Avenue von Dawson City. Leider werden die Relikte aus der Goldrauschzeit mit viel zu bunten und modernen Farben übertüncht.

Seite 53:
Im historischen Postamt von Dawson City gibt es hinter vergitterten Schaltern einmalige Sonderstempel für die Postkunden.

DOWNTOWN
HOTEL
WISHES GIFTS

DIAMOND TOOTH GERTIES
GAMBLING HALL
POKER

CATERPILLAR

FINNING
OPEN HOUSE '93
DAWSON CITY, YUKON

ice cream • lemonade • coffee • fine clothing • hats • jewellery
DAWSON HARDWARE CO
GENERAL PAINT
OPEN SUNDAY

FIFTH AVE.
1000
STOP

HAIFA 5800
HELSINKI 3900
SALISBURY 9200
STOCKHOLM 3900
HAMBURG 4200
GENEVA 4600
LONDON 4100
4400
FREETOWN 7300
HALIFAX 3100
RIO DE JANEIRO 7450
ROME 5100
MADRID 4700
BERLIN 4300
HEIDLEBERG 4600

Seite 54:
Am Ende des Silver Trail findet man auf dem fast 1900 Meter hohen Silberberg diesen einsamen Wegweiser, auf dem sogar Heidelberg angezeigt wird.

Seite 55:
Auf dem Gipfel der Gustavus Mountain Range liegt diese verlassene Hütte, die aus den 20er Jahren, der Blütezeit des kanadischen Silberbergbaues, stammt.

reich am Bonanza Creek, das von den Goldgräbern um die Jahrhundertwende durchwühlt worden war, wurde nun mit modernsten Mitteln noch einmal umgegraben. Doch nicht nur eine neue Goldgräber-Generation kam nach Dawson, viele Jack-London-Fans wollten die Geschichten vom „Lockruf des Goldes" am Originalschauplatz nachvollziehen. Die Stadtväter sollten die jüngste Entwicklung der Stadt kritisch verfolgen, denn was die knapp 1800 Einwohner mit ihrer historischen Stadt im Moment anstellen, ist Denkmalpflege im Stil von Disney Land. Bei einem großen Teil der Häuser hat man viel zu viel bunte und grelle Farben verwandt, immer mehr unpassende Hotels werden im Ortskern gebaut, unter ihnen das pompöse *Bunkhouse Hotel* in der Front Street. Alle Planungen scheinen sich ungehemmt an den Erwartungen der überwiegend aus den USA einströmenden Touristen zu orientieren.

Wer einmal einem professionellen Goldgräber über die Schulter schauen möchte – was normalerweise nicht so einfach ist, denn viele *digger* haben Angst, die Touristen könnten ihnen mal kurz in die Goldpfanne greifen – der ist bei dem knapp 30 Jahre alten Torfinn Djukastein gut aufgehoben. Er ist einer der erfolgreichsten Goldschürfer des Yukon. Sein Claim liegt unmittelbar am *Klondike Highway*, dort wo die Straße zum *Midnight Dome*, dem Aussichtspunkt von Dawson, abbiegt. Zusammen mit seiner Frau Cathy ist er einer der wenigen Goldgräber, die Touristen in ihre Nähe lassen und jeden Abend seine Tagesausbeute, das Gold aus der jüngsten geologischen Epoche unserer Erde, auch Seifengold genannt, vor den Augen von jeweils fünf Dollar Eintrittsgeld zahlenden Besuchern ausbreitet (s. S. 51). Doch so ganz genau erzählt er niemandem, wie hoch sein Verdienst am Goldauswaschen ist. Erst als wir ihn privat in seinem Wohnwagen besuchten, der mitten auf seinem Claim steht, bekamen wir einen kleinen Einblick in seinen Reichtum. Zu unserer Überraschung bewahrte er den ausgewaschenen Goldstaub in einem großen Kühlschrank auf, um ihn dann portionsweise zur Bank nach Dawson City zu bringen. Ungewöhnlich hoch ist sein finanzieller Einsatz, den er auf über 500 000 Dollar pro Jahr beziffert. Zum Schürfen hat er nur den kurzen Yukon-Sommer Zeit. Deshalb arbeitet er mit seinen acht Angestellten fast rund um die Uhr. Riesige Bagger und Bulldozer schaufeln das schon einmal durchwühlte Gestein auf Lastwagen, die dann ihre Fracht nicht weit entfernt in eine Waschrinne kippen, wo ein kräftiger Wasserstrom das Geröll und den Sand durchspült. Am Ende der Prozedur fällt das schwerere Gold in einen mit Gummimatten belegten U-förmigen Holzkasten. Im Sprachgebrauch der Goldgräber heißt diese Rinne *sluice box*, aber von Cathy wird sie liebevoll „Long Tom" genannt. Aus Sicherheitsgründen (ein paar Touristen sollen sich schon des nachts unerlaubterweise bedient haben) waschen sie nun jeden Abend diese Matten aus.

Die Geschichte der Goldgewinnung ist im Museum von Dawson City sehr gut beschrieben, doch noch besser kann man die Techniken der damaligen Zeit am restaurierten Goldbagger, dem *Gold Dredge No. 4*, der am nicht weit entfernten Bonanza Creek (12,3 Kilometer vom *Klondike Highway* entfernt) steht, nachvollziehen. Die Verwaltung von *Canadian Parks Service* führt während der Sommermonate täglich Besucher durch diesen Riesenbagger. Da er in den letzten Jahren immer mehr im Schlamm des Bonanza Creek versank, mußte der Koloß mit seinen meterhohen Zahnrädern und Schaufeln (s. S. 49) in diesem Jahr für Besucher gesperrt werden. Ich nehme an, daß er in den nächsten Jahren wieder als überdimensionales Museumsstück der Technikgeschichte zur Verfügung steht. Der *Canadian Parks Service* kämpft seit ein paar Jahren für einen *National Park Dawson City*, der dann wahrscheinlich die meisten Goldgräber aus dem Gebiet der goldhaltigen Flüsse verbannen wird. Die großen und professionellen Minen liegen etwas weiter versteckt an der *Hunker Creek Road*, die sich hoch in den Bergen am *King Solomons Dome* in die einsamen Wege zum *Dominion und Sulphur Creek* verzweigt. Die schlaglochübersäte Schotterstraße biegt kurz vor der Flugpiste von Dawson City vom *Klondike Highway* ab und bietet auf einer über 100 Kilometer langen Rundstrecke herrliche Panoramablicke, die weit in das Land reichen. Gleich vorn rechts liegt ein alter Goldbagger, der fast ganz von Bäumen und Büschen überwuchert ist und zum Entdecken einlädt. Gegenüber dem restaurierten *Dredge No. 4*, eine vielleicht aufschlußreichere Möglichkeit, dem Geist der Goldrauschzeit auf die Spur zu kommen. In dieser Gegend hat die *Norm Ross Mining Company* im letzten Jahr nicht nur Gold zutage gefördert, sondern auch Mammutknochen. Für Jeff Hunston, den Direktor des *Yukon Heritage Branch* Anlaß genug, im Museum von Dawson City eine größe prähistorische Abteilung einzurichten.

Erlebenswerte Feste in Dawson City:

Yukon Quest Hundeschlittenrennen
Mitte Februar. Während eines vorgeschriebenen Pausentags sind die Gespanne in der Hauptstraße von Dawson zu sehen.

Gold Panning Championships
Am Canada Day, dem 1. Juli, ermitteln die Goldgräber ihren besten Goldwäscher. Besonders interessant für Besucher, die (in einem besonderen Wettbewerb) ihre eigenen Talente als Goldwäscher demonstrieren können.

Midnight Dome Race
Am dritten Samstag im Juli. Ein Wettrennen für Läufer mit guter Puste, denn es geht von der Downtown zum Gipfel des Hausberges. Die Bestzeit für diese 9,2 Kilometer lange, steile Strecke beträgt 36 Minuten und 17 Sekunden.

Discovery Days
Mitte August. Dies ist das Wochenende, an dem ganz Dawson City kopfsteht, man feiert u. a. mit einer Parade die Entdeckung des Goldes am Klondike.

International Outhouse Race
Erstes Wochenende im September (Ende der kanadischen Sommerferien). Ein Wettrennen mit bunten Toilettenhäuschen auf Rädern. Mitten durch die Straßen von Dawson.

Seite 58/59:
Erst 1979 wurde der Dempster Highway eröffnet, Kanadas einzigste Straßenverbindung zum Eismeer. Die Allwetter-Schotterstraße führt zum größten Teil durch eine menschenleere und völlig unberührte Landschaft. Dieses Foto entstand in der Nähe des North Fork Pass bei Kilometer 48.

Silver Trail

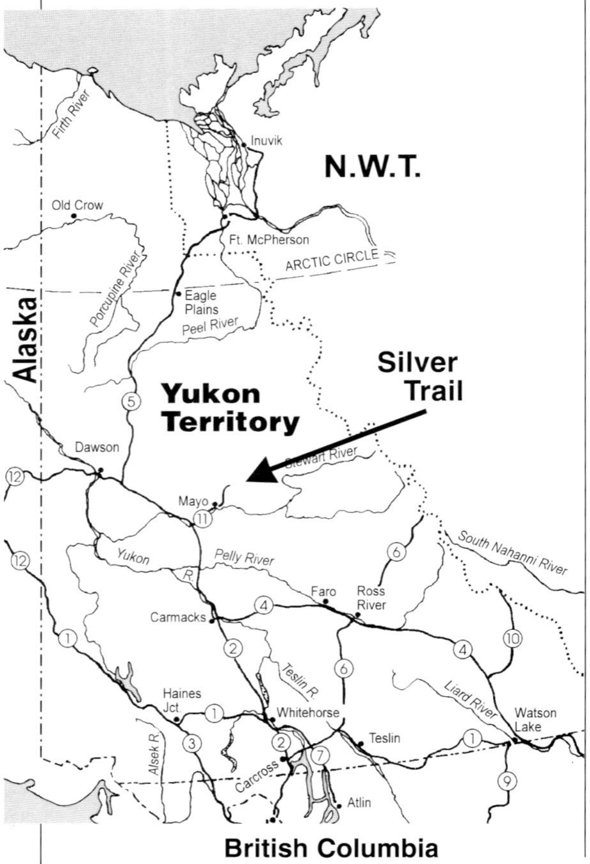

Gold ist seit über 100 Jahren das Zauberwort im Yukon, und auch noch heute dreht sich alles um das gelbe Edelmetall. Daß es daneben noch andere Metalle im Yukon gibt, wie zum Beispiel Silber und Kupfer, die ebenfalls einen Boom auslösten, ist den meisten Besuchern dieser nordwestlichen Region von Kanada unbekannt. Dabei ist es gar nicht so schwierig, z. B. in das Gebiet der einstmals größten Silbermine von Nordamerika zu gelangen. Man muß nur bei Stewart Crossing den *Klondike Highway* verlassen und auf den Highway 11, der auch *Silver Trail* genannt wird, einbiegen. Dann sind es noch einmal wenig über 100 Kilometer Fahrtstrecke, und man erreicht Elsa und Keno, zwei ehemals blühende Städte des Silberbergbaus, die am Ende einer Stichstraße liegen. Den besten Beweis für die Vergänglichkeit menschlicher Siedlungen liefert der Ort Elsa. Bis 1989 wurden hier in der *United Keno Hill Mine* riesige Mengen Silbererz gefördert. Als dann der Preis für Silber auf dem Weltmarkt fiel, schloß man kurzerhand die Mine und entließ die Arbeiter. In nur wenigen Monaten wurde der kleine Ort zur Geisterstadt, in der heute offiziell nur noch zehn Personen wohnen sollen. Das gleiche geschah auch mit der nächsten Ortschaft Keno, die nach 111 Kilometern am Ende des *Silver Trail* liegt. Hier wohnen ganzjährig noch rund 50 Personen in teilweise verfallenen Blockhäusern. Die ersten 50 Kilometer des *Silver Trail* sind bis zur Indianersiedlung Mayo asphaltiert, danach wird die Straße zwar staubig, ist aber immer noch gut befahrbar. Nach weiteren 26 Kilometern liegen rechter Hand die *Halfway Lakes* mit guten Angelmöglichkeiten für Hechte, und auf der linken Straßenseite weist ein Schild auf den *Mount Haldane Trail* hin. Der sechs Kilometer lange Wanderweg auf den rund 1800 Meter hohen Mount Haldane ist genau das Richtige, wenn man allein sein möchte. Als wir im letzten Sommer hier aufstiegen, waren wir völlig allein unterwegs, weit und breit sahen wir keine Menschenseele. Der Trail, der vor zwanzig Jahren von einer Minengesellschaft angelegt wurde, führt in Serpentinen zum Gipfel und ist relativ leicht zu bewältigen. Nur kurz vor dem Erreichen des Gipfels muß man über eine Steintreppe klettern. Schon hier lohnte sich für uns der Abstecher zum *Silver Trail*, vom Gipfel aus hatten wir einen herrlichen Ausblick auf die Seen und Wälder des *Yukon-Territoriums*.

Für die meisten Yukon-Besucher ist Dawson City eines der Traumziele, das man am schnellsten über den *Klondike Highway* erreichen kann. Die Sackgasse *Silver Trail* ist dagegen ein Umweg auf dem Weg nach Norden, vielleicht einer der Gründe, weshalb sich so selten jemand in diese einsame, aber sehenswerte Landschaft verliert. Nach 96 Kilometern führt der *Silver Trail* zu dem schon erwähnten Geisterdorf Elsa. Eine Ansiedlung, die 1929 gegründet wurde und ihre Existenz allein der Förderung von Silber zu verdanken hat. Bis zur Schließung lebten und arbeiteten hier über 400 Menschen, jetzt sind die Türen und Fenster vernagelt, und niemand ist mehr zu sehen. Nur drei

Geologen aus Toronto sollen hier zur Zeit irgendwo in einer Hütte wohnen, die im Auftrage der Firma McQuat Ltd. das Gestein noch einmal auf ihren Silbergehalt analysieren und die Effizienz der Mine überprüfen. Ganz im Gegensatz zu Elsa ist die letzte Station am *Silver Trail*, der Ort Keno, immer noch mit Leben erfüllt. Als wir über die staubige Straße in den Ort hineinfuhren und vor dem *Keno City Mining Museum* anhielten, wurden wir sofort freudig von einigen Geisterstadt-Bewohnern begrüßt. Die Leiterin des renovierten Museums, Sharon Van der Meer, kam gerade aus ihrem Garten, wo sie Gemüse geerntet hatte. Nachdem sie uns das Museum geöffnet hatte, gesellte sich ein weiterer Einwohner zu uns, der uns spontan zu sich nach Hause einlud. Nach einem kurzen Rundgang durch die Ausstellung, die mit Gerätschaften aus der Epoche des Bergbaues angefüllt ist, wurden wir schon ungeduldig von unserem neuen Gastgeber erwartet. Nicht weit entfernt vom Museum liegt die Hütte von Mike Mancini, einem Italokanadier, dessen Vater in Elsa Minenarbeiter war. Seine Behausung, deren Mobiliar ohne weiteres mit dem örtlichen Museum konkurrieren könnte, besteht aus drei kleinen Räumen, die gerade groß genug für einen Junggesellen sind. Auf einer Bank vor seiner Hütte machten wir es uns gemütlich und genossen die Ruhe im Tal von Keno City. Mike erwies sich als hervorragender Kenner der vielen Wanderwege, die er zum Teil selbst markiert hat. Der schönste Hiking Trail von Keno ist in Wirklichkeit eine alte Minenstraße, die direkt auf den höchsten Berg der Umgebung führt. Tiefe Schlaglöcher und Bodenwellen machen das Befahren des *Summit Trail* etwas beschwerlich und im oberen Teil, weit über der Baumgrenze, muß man sogar mit Schneefeldern rechnen. Doch diese Mühe lohnt sich für jeden, der einmal fernab der üblichen Wanderrouten unterwegs sein möchte. Vorteil ist, daß man über zehn Kilometer weit mit dem Auto auf den Berg fahren kann und sich den Aufstieg erspart, um dann bequem vom Gipfel aus zu starten. Hier oben in 1889 Metern Höhe gibt es auch einen Wegweiser, der mit seinen Schildern die Entfernungen sogar bis nach Deutschland anzeigt (s. S. 54). Außer einigen Murmeltieren gibt es ganz in der Nähe des Gipfels auch eine verfallene Hütte zu entdecken, die in den zwanziger Jahren von einem Silberschürfer benutzt wurde.

Neben der Summit-Trail-Schotterstraße gibt es noch fünf weitere „Secondary Roads", die zwischen 60 und 80 Kilometer lang sind und das Hinterland zwischen Mayo und Keno gut erschließen. Vorausgesetzt man hat ein geländegängiges Fahrzeug, oder man ist, wie wir es waren, mit einem Fifth-Wheeler unterwegs, wo sich ja das Zugfahrzeug vom Wohnteil abkuppeln läßt. Auf der Rückfahrt zum *Klondike Highway* kann man auf der *Duncan Creek Road*, dem alten *Silver Trail*, den weniger interessanten Ort Elsa gut umfahren. Die schmale Schotterstraße führt im letzten Teilstück immer am Mayo River entlang und mündet noch weit vor dem Ort Mayo wieder auf den *Highway 11*.

Seiten 62/63:
Weit geht der Blick in das Land am Dempster Highway, im Hintergrund die menschenleere Landschaft der Olgivie Mountains. Wie fast alle doppelseitigen Panoramafotos in diesem Buch, wurde das Motiv mit einer superbreiten 6 x 17 cm FUJICA Panoramakamera aufgenommen.

Dempster Highway

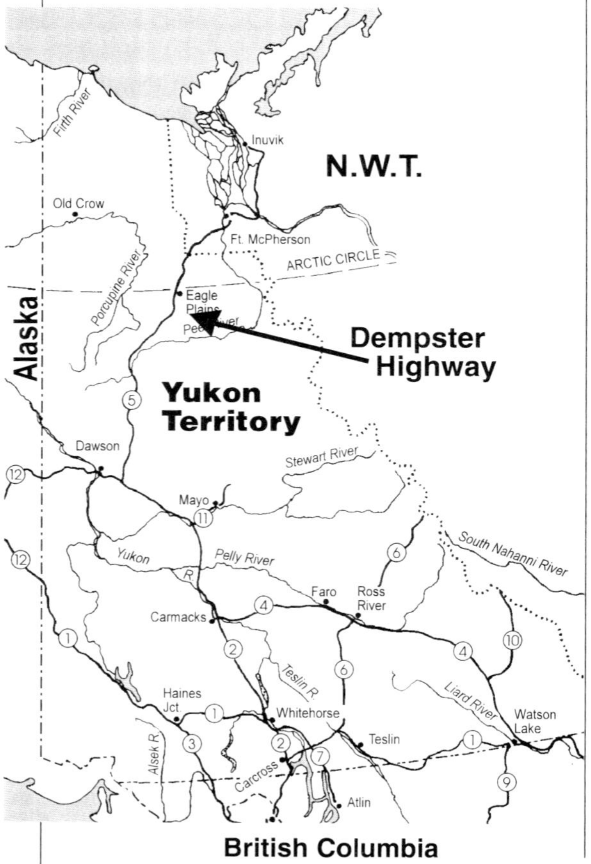

Wenn man nach der Einmündung des Silver Trail weiter auf dem Klondike Highway gen Norden fährt, dauert es nicht mehr lange, und man kommt zum Abzweig einer weiteren Stichstraße. Doch 40 Kilometer östlich vor Dawson City beginnt nicht irgendeine kleine Sackgasse, hier startet der 741 Kilometer lange Dempster Highway, eine der landschaftlich schönsten Schotterstraßen in ganz Kanada. Der nach einer Bauzeit von 19 Jahren erst 1978 fertiggestellte Highway trägt die offizielle Bezeichnung No. 5 und folgt einer alten Patrouillenstrecke der Northwest Mounted Police, die von Dawson City bis zum Delta des Mackenzie River führte. Benannt wurde diese abenteuerliche Straße nach dem berühmten Polizeikorporal Dempster, der während der Goldrauschära am häufigsten auf dieser Strecke mit seinem Hundeschlittengespann unterwegs war. Aufgrund seiner guten Kenntnisse leitete er auch 1910 eine Suchaktion, die seinen Kollegen Inspektor Fitzgerald aufspüren sollte, der auf dem Weg von Fort McPherson nach Dawson City die Orientierung verloren hatte und verschollen war. Bei Minustemperaturen von 50 bis 60° Celsius konnte Dempster die „Lost Patrol“ zwar finden, doch er kam zu spät.

Ein knappes Jahrhundert später ist die Reise auf dem Dempster, der bis zum Eismeer zur Eskimosiedlung Inuvik führt, kein Wagnis mehr. Die damals über vier Wochen dauernde Reise mit dem Hundeschlitten kann man heute bequem mit einem Campingfahrzeug in drei Tagen schaffen. Doch um die ursprüngliche Naturlandschaft des Nordens in Ruhe genießen zu können, sollte man natürlich für diese Traumstraße viel mehr Zeit einplanen. Die fast geradlinige Straße führt durch die Olgivie und Richardson Mountains, über die Hügel der Eagle Plains und des Peel Plateau, durch einsame Tundralandschaften und überquert im letzten Drittel auf dem Gebiet des Northwest-Territoriums den Mackenzie River, der kurz vor seinem Ziel in breiten Schleifen ein gewaltiges Flußdelta bildet, um dann an der Beaufort Sea ins Eismeer zu münden. Noch vor zehn Jahren konnte ich in einem deutschen Reiseführer lesen, daß man sich zum Befahren des Dempster Highway bei der Polizei an- und abmelden müsse. Das ist schon lange Vergangenheit, und auch die vielen abenteuerlichen Geschichten, die um den Dempster ranken, wo jede Panne zum Verhängnis werden könnte, sind heutzutage kein Argument mehr, Kanadas nördlichsten Highway auszulassen. Auch das empfohlene Schutzgitter vor der Windschutzscheibe kann man getrost vergessen, denn die Lastwagen, die mit aufgewirbelten Steinen die Autoscheiben zerschlagen, sind nur noch spärlich auf dem Highway unterwegs. Die einstige Road to Resources (Straße zu den Bodenschätzen) hat im Laufe der Jahre durch andere Transportmöglichkeiten ihre Bedeutung verloren, die Touristen sind jetzt die häufigsten Benutzer. Für uns war die Straße zum Ende der Welt so interessant, daß wir den Dempster im letzten Juni und im September zweimal befuhren. Diese Monate sind auch am besten geeignet, ohne große Wit-

terungsprobleme auf dem Schotterband den Polarkreis zu überqueren. Während dieser Zeit sind auch die beiden staatlichen Fähren zwölf Stunden lang täglich in Betrieb, die dem Besucher eine kostenlose Überfahrt über den Peel und Mackenzie River gewähren. Jeder dieser Monate hat seinen besonderen Reiz. Im Juni blühen unzählige arktische Blumen und die Vögel kommen von ihren Überwinterungsplätzen zurück. In dieser Zeit sind aber leider auch die Moskitos ganz wild auf Warmblüter. Ende August färbt sich dann die Landschaft vom Grün des Sommers zum unwirklichen Pink des Herbstes. Wenn der erste Schnee im September oder Oktober kommt, und die ersten starken Fröste die Flüsse erstarren lassen, überqueren die amerikanischen Rentiere, Cariboos genannt, in großer Zahl den einsamen Highway, um in geschützten Tälern zu überwintern.
Unser Entschluß, den Dempster zu bezwingen, kam im letzten Juni spontan. Wir waren gerade bei den Djukasteins in Dawson City zu Gast und erlebten, wie sie um 17.00 Uhr durch ihren „Long Tom“, eine hölzerne Rinne mit Gummimatten, Wasser fließen ließen und das darin verbliebene Gold einsammelten. Nach einem kurzen Abendessen bei den Goldgräbern fuhren wir zur Dempster Corner, wo der North Klondike River in den Klondike River mündet und der Dempster Highway seinen Startpunkt hat. Wir hatten uns schon vorher ausgiebig in Dawson City über die Straßenverhältnisse informiert. Hier gibt es nämlich seit einiger Zeit mit dem an der Front Street gelegenen Western Arctic Visitors Information Center, Telefon: (403) 993-6456, eine ausgezeichnete Möglichkeit, den neuesten Straßenzustandsbericht zu erfahren. Bei der Klondike River Lodge, die schon seit Jahren zum Verkauf steht, (Motel, Restaurant und Esso Tankstelle), unmittelbar an der Mile 0 des Dempster, lassen wir noch einmal unser Fahrzeug auftanken und das Öl nachsehen. Einen Moment zögern wir noch, ob wir unseren Start nicht auf den nächsten Tag verschieben sollen, denn mittlerweile ist es schon kurz nach 20.00 Uhr und der nächste Campingplatz am Dempster ist noch über 70 Kilometer weit entfernt. Aufgrund der immer noch sehr hoch stehenden Juni-Sonne war uns nicht aufgefallen, daß es schon so spät geworden ist. Doch jetzt haben wir uns darauf eingestellt, und wir wollen nun auch endlich diese mit vielen Horrorgeschichten behaftete Straße selbst erleben.
Schon nach einem Kilometer kommt uns ein Geländefahrzeug in wilder Fahrt entgegen, und wir machen das erste Mal Bekanntschaft mit dem Staub der Schotterpiste. Ein Blick in den Rückspiegel bestätigt, daß wir ebenfalls eine kilometerlange Staubfahne hinterlassen. Spätestens jetzt erweist sich das ständige Einschalten der Scheinwerfer (obligatorisch bei neuen Fahrzeugmodellen) als unentbehrliches Sicherheitsmoment. Der erste Teil des Dempster Highway folgt dem bewaldeten Tal des North Klondike River und steigt dann allmählich zu den Olgivie Mountains an. Ab hier und im weiteren Verlauf des Highway führen vier verschie-

Seiten 66/67:
Nur noch wenige Lastwagen verkehren auf dem Dempster Highway, der einst die Versorgung und Bodenschätze des Nordens sichern sollte. Heute sieht man mehr die Campmobile der Touristen als die Versorgungsfahrzeuge, die besonders bei trockenem Wetter sich schon von weitem mit kilometerlangen Staubfahnen ankündigen. Fotografiert im letzten Licht der untergehenden Sonne von einem namenlosen Berg in den Richardson Mountains.

dene Wanderwege in das Gebiet der steil aufragenden Felsen des 40 Kilometer entfernten Tombstone-Gebirges (s. S. 8/9), das einst mit seinen über 2000 Meter hohen Granit-Monolithen ein wichtiger Orientierungspunkt für Goldsucher und Trapper war. Bei Kilometer 65 befindet sich das erste von drei Camps, die den Highway für rund 1,4 Millionen Dollar jährlich instand halten. In Notfällen kann man hier auf Hilfe hoffen. Nach weiteren acht Kilometern erreichen wir dann endlich unser Nachtlager, den staatlichen Tombstone Campground. Dieser Campingplatz bietet dem Besucher 22 Stellplätze, die teilweise versteckt zwischen Weidenbüschen an einem Bergbach liegen. Trotz seiner Lage unmittelbar am Highway sind wir uns einig, daß wir selten in Kanada einen so idyllisch gelegenen Campingplatz gesehen haben. Die weiten, mit vielen blühenden Blumen übersäten Täler, die schroffen Berge und der North Fork Pass im Hintergrund laden uns sofort zu einer Wanderung ein. Deshalb beschließen wir in der Dämmerung der Mitternachtssonne, die Gegend nach einem kurzen Nachtmahl zu erkunden. Doch zuerst müssen wir einen freien Platz finden, und das ist nicht ganz einfach, denn zu unserer Überraschung sind wir nicht die einzigen Einsamkeitsfanatiker, die den Dempster bezwingen wollen. Mit geübtem Blick kann ich gleich meine deutschen Landsleute erkennen. Eindeutige Merkmale sind die Fjäll-Räven-Hose und die Bundeswehrparka.
Nach einer kleinen Inspektionsrunde finden wir am Ende des Platzes noch eine freie Stelle. Mit geübtem Rückwärtsschwung parken wir unter den neugierigen Blicken der Campingplatzgäste unseren Fifth-Wheeler, der aufgrund seiner Größe völlig untypisch für das Befahren des Dempster Highway ist, in den schmalen Platz ein. Da es in der Zwischenzeit weit nach 22.00 Uhr ist, beschließen wir, ohne Abendessen sofort aufzubrechen. Obwohl die Sonne schon hinter dem Paß untergegangen ist, haben wir immer noch ein angenehmes Licht zum Wandern. Doch kaum stecken wir die Nase aus der Tür des Wohnanhängers, umkreisen uns Tausende von wildlüsternen Moskitos. Unmißverständlich geben uns die unangenehmen Stechmücken zu verstehen, wer im Monat Juni den Yukon beherrscht. Bewaffnet mit einem Moskitonetz, das wir über den Kopf ziehen, wandern wir dann los. Ein schmaler Pfad führt uns durch ein Gebiet von Krüppelweiden zu dem Quellgebiet des North Klondike River. Doch wir sind auf diesem Pfad nicht allein. Schon nach kurzer Zeit begegnen wir einem Paar, das ganz merkwürdig gekleidet ist. Beide haben einen grünen Umhang über der Kleidung, der ihnen bis zu den Füßen reicht und aus einem feinen Netz besteht. Beim näheren Hinsehen erkennen wir eine vergrößerte Ausgabe unserer kleinen Moskitonetze. Eine Lösung, die wahrscheinlich den wirksamsten Schutz gegen Moskitos bietet. Die beiden Wanderer schwören jedenfalls auf dieses Ganzkörpernetz. Sie erzählen uns, daß sie einen Grizzlybären beobachtet haben, der aber urplötzlich in den Büschen verschwand und nicht mehr ge-

sehen wurde. „Bei diesem diffusen Dämmerlicht solltet ihr auch besser umkehren, der Bär könnte noch in der Nähe sein", raten sie uns, als wir trotz der Bärengefahr weitergehen. Mit einem flauen Gefühl setzen wir unseren Weg auf dem Trampelpfad fort, der nun immer mehr in offenes Gelände ansteigt. Da wir wissen, daß ein Bär, besonders ein Grizzly, sehr unberechenbar ist, und er trotz Vorsichtsmaßnahmen urplötzlich angreifen kann, überlegen wir, ob wir einer Konfrontation nicht aus dem Wege gehen sollten. Im Gegensatz zu mir (ich brauchte für dieses Buch noch ein gutes Grizzly-Bären-Foto) hat meine Frau die größten Bedenken. „Bei diesen Lichtverhältnissen kann der Bär unmittelbar vor uns auftauchen, ohne daß wir ihn kommen sehen." Sie hat ja recht, doch ich fühle mich etwas sicherer mit meinem neuen, in Whitehorse erworbenen Bärenabwehrspray. Eine etwa zehn Zentimeter lange Spraydose, die verschiedene chemische Substanzen enthält und den Bären in die Flucht schlagen soll. Dieses „Bear Guard" kostet rund 40 Dollar, wurde in den USA entwickelt und ist ganz neu auf dem Markt. Aus diesem Grund gibt es noch keine praktischen Erfahrungen, ob es nun wirklich hilft oder nicht. Wenn Sie, lieber Leser, jetzt mitleidsvoll über meinen vielleicht naiven Glauben an diese „Waffe" lächeln sollten, erinnere ich daran, daß dieses Bärenabwehrspray die einzige Alternative zu einem Schießprügel ist, um einen wütenden oder aufgeschreckten Bären abzuwehren. Mein Glaube an das Spray ist auf jeden Fall so stark, daß wir noch ein Stück weitergehen. Plötzlich sehen wir den Bären. In weiter Ferne, hoch oben an einem Hang gräbt er Wurzeln aus. Anscheinend hat er uns schon lange bemerkt, denn er bewegt sich immer mehr in die entgegengesetzte Richtung. Selbst für mein 300 mm starkes Leica-Teleobjektiv ist er schon zu weit entfernt, und wir kehren um. Das Fotografieren kann ich sowieso vergessen, denn mein feinkörniges Fuji-Velvia-Filmmaterial ist mit einer Empfindlichkeit von 18 DIN/50 ASA ohnehin nicht ideal für Aufnahmen in der Dämmerung. Weit nach Mitternacht kommen wir zurück zum Campingplatz. Auf dem Nachbarstellplatz sitzen einige Personen noch am Lagerfeuer. Neugierig fragen sie uns, ob wir den Grizzly gesehen hätten, der schon seit Tagen um den Campingplatz streicht. Als wir bejahen, rückt die Runde sofort näher an das Feuer und die neuesten Bärengeschichten machen die Runde.

Die Nacht muß noch sehr kalt geworden sein, denn als wir am anderen Morgen aufstehen, sind die Bäume und Büsche mit Rauhreif bedeckt. Nach dem Frühstück besuchen wir das am Eingang des Campgrounds gelegene Informationszentrum, wo wir unsere acht Dollar Campingplatzgebühr bezahlen und von den staatlichen Naturschützern interessante Einzelheiten über die Natur und die Tierwelt der Region lernen können. Dort erfahren wir auch, daß der Highway in der Nähe des Blackstone River bei Kilometer 147 bis morgen oder übermorgen wegen eines Erdrutsches geschlossen ist. Da wir viel Zeit haben, entschließen wir uns, so

Seiten 70/71:
Nach genau 403 Kilometern Fahrtstrecke auf dem Dempster Highway, erreicht man den Polarkreis. Mit einem großen Schild wird hier die imaginäre Grenze des „Arctic Circle" dargestellt, der vor der imposanten Kulisse der 1200 Meter Richardson Mountains immer ein gutes Fotomotiv wert ist.

ARCTIC CIRCLE
LAT. 66° 33′ N.

lange weiterzufahren, bis man uns stoppt. Unmittelbar hinter dem Campingplatz klettert der Dempster Highway hinauf zum 1289 Meter hohen North Fork Pass, der Wasserscheide zwischen Pazifik und Arktischem Ozean. Jetzt beginnt eine einzigartige baumlose Landschaft, die linker Hand mit einigen kleinen Seen (s. S. 62/63) durchsetzt ist, an dem viele brütende Vögel und einige Biber zu beobachten sind. Ganz in der Nähe grasen ein Dutzend frei laufender Pferde, die zu einem Sommercamp gehören, das von Jägern als Basislager genutzt wird.

Unmittelbar neben dem breiten Schotterband beginnt die unberührte Natur. Bei Kilometer 105 passieren wir rechter Hand den Moose Lake, übersetzt: Elch See, doch von Elchen ist weit und breit nichts zu sehen, dafür kreisen über uns einige Adler, die von Raben verfolgt werden. Gegenverkehr haben wir schon lange nicht mehr. Erst jetzt fällt uns wieder ein, daß die Straße eigentlich geschlossen sein soll. Nachdem sich der Dempster in die bewaldete Zone der nördlichen Olgivie Mountains windet, sehen wir schon von weitem in einem Tal viele Bulldozer und Straßenbaumaschinen. Schon bald winkt man uns zur Seite, und ein Straßenarbeiter in einer roten Warnweste kommt auf uns zu. „In drei, vier Stunden ist die Straße wieder einigermaßen frei, dann könnt ihr einspurig und auf eigene Gefahr in Richtung Norden weiterfahren“, sagt er und blickt dabei prüfend auf den Fifth-Wheeler. Bis in die späten Nachmittagsstunden müssen wir auf die Freigabe warten. Dann geht's im Schrittempo weiter. Hinter der nächsten Wegbiegung können wir das wahre Ausmaß des Erdrutsches erkennen. So weit das Auge reicht ist die Straße mit Felsbrocken übersät. Jetzt verstehen wir auch den auffälligen Seitenblick des Straßenbauarbeiters, denn die freigelegte Fahrspur ist so schmal, daß nur kleine Fahrzeuge durchkommen können. Bis spät in die Nacht warten wir auf unsere Chance, die Engstelle passieren zu können. Dann endlich ist auch der Weg für uns frei. Doch das Erdrutschgebiet können wir nur mit der Hilfe der Bauarbeiter passieren, die uns mit Muskelkraft immer wieder aus den Schlammlöchern der abgerutschten Straße befreien.

Am Windy Pass verwandelt sich die hellbraune Schotterstraße in eine kohlschwarze Piste. Vor diesem Belag mit spitzen Schieferplatten hatte man uns gewarnt, er hätte so manchen Plattfuß auf dem Gewissen. Bedächtig fahren wir im Schein der Mitternachtssonne weiter, wie am Abend zuvor werden wir wieder die Letzten auf dem nächsten Campingplatz sein. Bei Kilometer 194 steuern wir den zweiten von insgesamt vier staatlichen Campgrounds an, die an der über 700 Kilometer langen Strecke liegen. „Closed for the season“, steht auf einem Hinweisschild, das im Strahlenkegel der Scheinwerfer aufleuchtet. „Geschlossen“, und das auch noch für die ganze Saison. Wegen Überflutung hat man den Campingplatz am Engineer Creek dichtgemacht, erfahren wir weiter auf dem Schild. So bleibt uns nichts anderes übrig, als die Nacht in einer Parkbucht zu verbringen. Am nächsten Tag begleitet uns über viele

Kilometer der Olgivie River. Ein Paddelfluß, der nach dem Landvermesser William Olgivie benannt wurde, der 1888 in dieser Gegend unterwegs war. Bei Kilometer 152 verläßt der Highway den Fluß, um zur kontinentalen Wasserscheide auf 900 Meter Meereshöhe anzusteigen. Wir erreichen die Eagle Plains, ein über 100 Kilometer langes, hügeliges Plateau, das während der letzten Eiszeit von den Gletschermassen unberührt blieb. Es teilt die Bergketten der Olgivie von den nachfolgenden Richardson Mountains (s. S. 62/63). Von hier oben hat man herrliche Panoramablicke weit in das Land, doch zum Wandern ist diese Landschaft nicht geeignet. Es gibt keine Wanderpfade, kein Wasser, und in der weitgehend baumlosen Tundra ist man schutzlos Wind und Wetter ausgeliefert. Was dann westlich des Highway wie Straßen aussieht, sind nur sogenannte cutlines. Das sind schnurgerade Schneisen, die in den 60er Jahren von Seismologen der Öl- und Gasfirmen angelegt wurden. Entlang dieser Schneisen wurden im Erdboden Explosionen ausgelöst, deren Druckwellen von den Gesteinsschichten im Untergrund reflektiert werden, und man konnte aufgrund der Aufzeichnungsmuster auf dem Seismographen feststellen, ob öl- oder gashaltiges Gestein vorhanden war. Trotz großer Hoffnungen wurde kein ausbeutungswürdiges Vorkommen gefunden.

Bei Kilometer 364 haben wir schon die Hälfte der Strecke hinter uns gebracht, wir erreichen das Eagle Plains Hotel, das mit seinen 32 Zimmern, Bar und Restaurant von jedem Dempster-Bezwinger angefahren wird. Zu diesem Komplex gehört nämlich auch eine lebenswichtige Tankstelle. Schon seit geraumer Zeit hatten wir einen schleichenden Plattfuß festgestellt, höchste Zeit für uns, daß wir endlich den Reifen wechseln konnten. Auf diese Fälle sind die Mitarbeiter der Tankstelle bestens vorbereitet, die Wellblechwände einer großen Halle sind mit Schläuchen und Reifen aller erdenklichen Größen behangen. Kaum haben wir vollgetankt, ist auch unser Reifen wieder geflickt, und wir sind ganz schnell um 50 Dollar ärmer. Kurz danach überqueren wir den Eagle River, der im weiteren Verlauf in den Porcupine River fließt, nach Old Crow, der alten Siedlung der Gwich-Indianer. Der Ort liegt rund 120 Kilometer Luftlinie nördlich des Polarkreises. Diese imaginäre Linie erreichen wir nach 403 Kilometern. Jetzt können wir auch die sanft geschwungenen Hügel der Richardson Mountains (s. S. 70/71) schon ganz nah sehen. Ab hier verläuft die Straße auf einem zwei bis drei Meter hohen Schotterdamm, eine wichtige Maßnahme, um den Dempster im Sommer vor dem Absinken zu schützen, denn wir fahren auf Permafrostboden. Außer einem Elch, einem Schwarzbären und ein paar Schneehühnern (Ptarmigans) haben wir an diesem Tag noch nicht viel gesehen. Wir halten die Augen offen, denn wir sind hier im Wanderungsgebiet der Cariboos, aber leider zur falschen Jahreszeit. Deshalb beschließen wir jetzt schon, zur Cariboo-Wanderung im Herbst noch einmal wiederzukommen. Bei Kilometer 292 verlassen wir das Yukon-Territorium. Hier

Seite 74:
In den Bergregionen des Yukon-Territoriums kann man die trittsicheren Schneeziegen (Mountain Goats) an steilen Felsen beobachten.

Seite 75:
Über 50 000 Elche (Moose) sollen im 482 515 Quadratkilometer großen Territorium leben. Am besten sind sie an Seen und Sumpfgebieten zu beobachten. Diese junge Elchkuh sahen wir im Kluane National Park.

müssen wir die Uhren um eine Stunde vorstellen, denn wir sind in einer neuen Zeitzone und in einem neuen Landesteil von Kanada, in den Northwest Territories, die bis hinauf zum Eismeer reichen.

Ab jetzt beginnt auch die offizielle Zählung der Kilometerpfosten wieder bei Null. Nach insgesamt 545 Kilometern und fantastischen Ausblicken in eine einzigartige nordische Landschaft müssen wir auf einer Fähre den Peel River überqueren, um kurz danach die Indianersiedlung Fort McPherson zu erreichen. Die fast 1000 Seelen zählende Gemeinde der Loucheux-Indianer hat, außer einer Tankstelle und einem kleinen Lebensmittelladen, dem Reisenden nicht viel zu bieten. Mit dem Tent and Canvas Shop gibt es hier aber auch einen kleinen und leistungsfähigen Industriezweig. Man fertigt exklusive Rucksäcke und Taschen, die in ganz Kanada verkauft werden. Von nun an führt die Strecke, ohne eine große Aussicht zu bieten, durch schütteren Fichtenwald. Nach 613 Kilometern stehen wir dann an Kanadas größtem Strom, dem Mackenzie River, der zu den zehn größten Flüssen unserer Erde zählt. Rechter Hand können wir an einem Seitenarm das Indianerdorf Artic Red River sehen, das man nur mit einer Fähre besuchen kann, es ist die gleiche Fähre, die uns über den Mackenzie River bringt.

Das letzte Teilstück bis Inuvik, einem Eskimodorf, das erst 1954 gegründet wurde, ist schnell beschrieben. Der Dempster führt durch eine monotone, mit unzähligen kleinen und großen Tümpeln übersäte Tundralandschaft. In Inuvik, dem „Platz der Menschen", wie das 3000 Einwohner zählende Dorf in der Sprache der Inuit genannt wird, ist man dann auch nach 781 Kilometern Fahrtstrecke wieder in der Zivilisation, mit Campingplätzen, Hotels und Restaurants. Die moderne Ansiedlung wurde von der kanadischen Regierung angelegt, um die Indianer aus den weiter nördlich gelegenen Überschwemmungsgebieten im 64 Kilometer breiten und 97 Kilometer langen Mackenzie-Delta auf die erhöhte Ostseite umzusiedeln. Zwischen dem 24. Mai und Ende Juli steht hier die Mitternachtssonne fast 24 Stunden am Himmel, im Winter geht sie dann nicht mehr zwischen dem 6. Dezember und dem 6. Januar auf. Erst hier bekommen wir auch wieder mit unserem CB-Funkgerät eine Verbindung. In Deutschland hatte man uns geraten, unbedingt für den Notfall ein Funkgerät mitzunehmen. Doch so oft ich es auch versuchte, auf der ganzen Strecke des Dempster Highway antwortete mir niemand auf Kanal 19, dem Notrufkanal. Deshalb sind die beste Versicherung für das Befahren des Dempster ein intaktes Fahrzeug und ein einwandfreier Reservereifen. Wenn dann noch das Wetter mitspielt und die Sonne scheint, gibt es keinen Grund, eine der abenteuerlichsten Straßen Nordamerikas nicht zu befahren. Schon jetzt im Juni steht für uns fest, daß wir im Herbst wiederkommen werden, denn der Dempster Highway ist eine der landschaftlich schönsten Strecken, die wir jemals in Kanada erkundet haben.

Campbell Highway

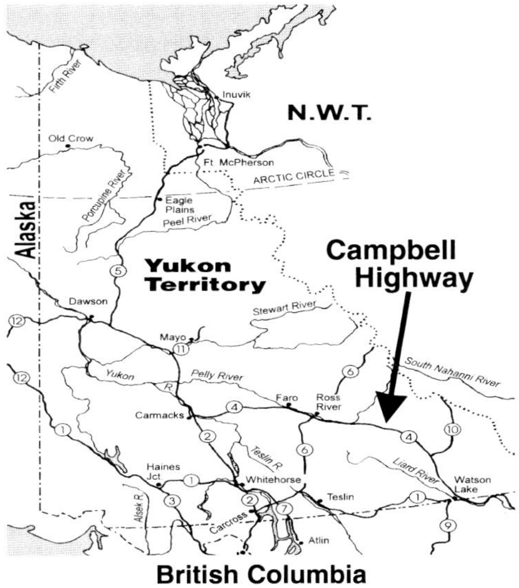

Lange bevor der *Alaska Highway* gebaut wurde, gab es im *Yukon-Territorium* eine Verbindung, die viel zur Erschließung des Landes beigetragen hat. Damals war es zwar mehr ein Wasserweg, aber der Entdecker und Namensgeber Robert Campbell mußte sich bei dieser Route auch oft zu Fuß durch die Wildnis schlagen. Heute nennt man diese Route *Campbell Highway*, eine 590 Kilometer lange Schotterstraße, die den einsamen und wilden Teil im Südosten des *Yukon* zugänglich macht. Sie beginnt bei Watson Lake am *Alaska Highway* und endet bei dem kleinen Ort Carmacks am *Klondike Highway*. Dazwischen liegen nur die Indianersiedlung Ross River und das Bergwerkstädtchen Faro. Ab und zu sind noch ein paar versprengte Hütten am Wegesrand zu finden, das ist aber auch schon alles, was der Highway an menschlicher Zivilisation zu bieten hat. Die Straßenbezeichnung „Highway" sollte nicht so wörtlich genommen werden, denn der *Campbell Highway* ist auch heute noch eine einsame und wenig befahrene Schotterstraße, die sich bei Regen schnell in eine schlammige Fahrrinne verwandeln kann.

Vom südlichsten Punkt der Strecke, von Watson Lake aus, unweit der Provinzgrenze zu British Columbia, wollen wir die wenig populäre Alternativroute zum *Alaska Highway* in Angriff nehmen. Direkt an der Kreuzung von *Alaska* und *Campbell Highway* betanken wir unser Fahrzeug. Wir sind sehr gespannt auf den *Campbell Highway*, den wir vor über zehn Jahren schon einmal abgefahren sind und wir fragen uns, wie die Straße wohl heute beschaffen ist.

Das erste Teilstück führt durch eine waldreiche Gegend, immer am Frances River entlang. Nach 82 Kilometern einsamer Autofahrt kommen wir zu dem staatlichen Campingplatz am Simpson Lake. Wir sind die einzigen Besucher, die sich an diesem frühen Nachmittag hier einfinden. Nachdem wir die Campingplatzgebühr von acht Dollar in einem gesicherten Briefkasten deponiert haben, erkunden wir die Umgebung. An dem herrlich gelegenen See wollen wir die Angellizenz, die wir uns in Whitehorse besorgt hatten, nutzen. Doch lange halten wir es nicht am See aus, zu viele Moskitos verargen uns gewaltig das Fischefangen. Weit in der Ferne, in nördlicher Richtung, sehen wir ein rotes Kanu auf dem See. Wir beneiden diesen Angler dort, denn in der Regel sind die gierigen Blutsauger nicht auf dem See, sondern mehr in Ufernähe anzutreffen. Wir beschließen, daß wir bei unserem nächsten Yukon-Trip zusätzlich ein Kanu mitführen werden. Nach 108 Kilometern erreichen wir, genau nach der Beschreibung eines deutschen Reisehandbuches, eine Tankstelle. Doch die Tankstelle bei *Miners Junction*, dem Abzweig zur *Nahanni Range Road*, liegt verlassen da. Wir sind nicht sehr überrascht, denn diesem Reiseführer haben wir sowieso nicht getraut, und außerdem haben wir uns in Watson Lake ausreichend mit Benzin versorgt. An einer Kreuzung geht es in nordöstlicher Richtung zur besagten *Nahanni Range Road* ab, einer Wildnisstraße, die nach 201 Kilometern in Tungsten (der Ort heißt übersetzt: Wolfram) an

Seite 78:
Das Arbeitspferd der Lüfte kommt hier im Yukon immer noch zum Einsatz: eine DC 3 der Air North. Fotografiert beim Landeanflug auf eine Waldlichtung bei Minto, unmittelbar am Yukon River.

Seite 79:
Nach dem Fallen des Zinkpreises wurde eine der größten Blei-Zink-Minen der Welt, die Cyprus Anvil Mine von Faro, die unweit des Campbell Highway liegt, kurzerhand geschlossen. Ein Jahr nach der Stillegung setzen nun die riesigen Lastwagen der Mine langsam Rost an.

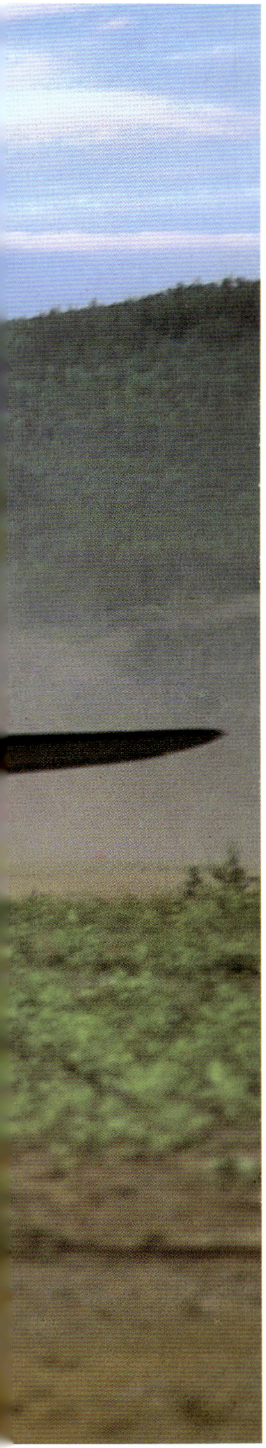

S-62

der Grenze zu den *Northwest Territories* endet. Bis 1986 förderte man hier das „Weiße Gold" aus Kanadas einziger Wolfram-Mine. Die Förderung des sehr harten Metalles mit dem hohen Schmelzpunkt begann hier in den frühen 60er Jahren am Flat River. Das heißt, man baute erzhaltiges Gestein ab, das als Scheelit in Verbindung mit Kalzium, Wolfram und Eisen natürlich vorkommt. Nach der Schließung der Mine verließen fast alle 500 Einwohner die Bergbausiedlung Tungsten. Heute sollen nur noch einige Menschen dort wohnen, die sich um die stillgelegte Mine kümmern. Der Weg dorthin führt durch eine Wildnis ohne jegliche Versorgungseinrichtungen, und selbst am Ziel gibt es keine Möglichkeiten, Benzin oder Lebensmittel einzukaufen. Im offiziellen Fremdenverkehrsführer des *Yukon* hat man auf eine Straßenbeschreibung bewußt verzichtet, denn wer hier mit seinem Fahrzeug liegenbleibt, muß (wenn er Pech hat) lange auf Hilfe warten. Ein wenig neugierig sind wir trotzdem auf die ehemalige Versorgungsstraße nach „Wolfram", deshalb unterbrechen wir unsere Weiterfahrt auf dem *Campbell Highway* und zweigen auf die *Nahanni Range Road* ab. Als erstes überqueren wir den uns schon bekannten Frances River, danach haben wir herrliche Panoramablicke auf die baumlosen Berge vor uns. Flankiert vom Mount Billings im Norden und dem Mount Murray im Süden, beide knapp über 2000 Meter hoch, erreichen wir nach etwas über 32 Kilometern den Angelsee Long Lake. Auf den nächsten 50 Kilometern kreuzen kleinere Bäche unseren Weg. Nach 110 Kilometern stehen wir an einer Brücke, die über den Hyland River führt, ein am Anfang harmlos ausschauender Fluß der Wildwasser-Kategorie III, der in vielen Mythen der Liard-Indianer vorkommt. Von hier aus kann man über 200 Kilometer weit, bis in die Nähe von Watson Lake, zurückpaddeln. Wir könnten jetzt noch 30 Kilometer weiterfahren, bis dort, wo die staatliche Straßeninstandsetzung aufhört und die nicht für den öffentlichen Verkehr empfohlene Strecke bis nach Tungsten weiterführt. Da wir erst am Anfang unserer Yukon-Rundreise stehen, und wir auch noch über die berühmte *Canol Road* berichten möchten, wenden wir hier und fahren zurück zum *Campbell Highway.* Bei Kilometer 173, von Watson Lake aus gezählt, passieren wir den weitverzweigten Frances Lake, einen der größten Seen des *Yukon-Territoriums*, an dessen Ufer ein Campingplatz mit über 20 Stellplätzen liegt. Nach weiteren 100 Kilometern Fahrtstrecke folgt die Straße dem Lauf des Pelly River, an dem wir bei Kilometer 359,8 auf die *South Canol Road treffen*, die ich im nächsten Kapitel näher beschreiben werde.

Nach wenigen Kilometern führt der nächste Abzweig zur Indianersiedlung Ross River. Hier können wir dann endlich unseren knapp gewordenen Benzinvorrat auffüllen. Bei etwa Kilometer 370 fahren wir mit lautem Gepolter über die Eisenroste einer Brücke, die den Lapie Canyon, eine tiefe, schmale Schlucht, überspannt. Auf den nächsten Kilometern werden wir von dichtem Buschwerk begleitet, das bis unmittelbar an den *Campbell Highway* heranwächst. Plötzlich steht hinter einer Wegbiegung mitten auf der Schotterstraße ein Mann. Er fuchtelt energisch mit den Armen in der Luft herum und bedeutet uns, daß wir anhalten sollen. Beim Näherkommen können wir einen weiteren Mann entdecken, der mit einer oliv-braunen Tarnjacke bekleidet ist, im Straßengraben sitzt und ein Gewehr in den Händen hält. Meine Frau, die wie so oft bei unseren Fahrten durch das *Yukon-Territorium*, den Fifth-Wheeler steuert, ruft ängstlich: „Soll ich stoppen oder mit Vollgas weiterfahren?" Überrascht von dieser ungewöhnlichen Situation, bleibe ich ihr in den nächsten Sekunden die Antwort schuldig. Sollten wir nach 13 Jahren, die wir nun in Kanada auf touristischen Pfaden unterwegs sind, das erste Mal unter die Räuber fallen, oder braucht hier jemand Hilfe? Als wir schon fast an den beiden Männern vorbeigebraust sind, tritt meine Frau dann doch entschlossen auf das Bremspedal, und unser Fahrzeug kommt schlingernd auf der feinen Sandpiste zum Stehen. „We need your help", rufen uns die beiden zu, doch das Rufen nach Hilfe ist mehr ein Lallen. Vor uns stehen zwei stockbetrunkene Gestalten, die ihren grünfarbenen Pick-up-Kleinlastwagen in den Straßengraben gesetzt haben. Bei diesem Abflug blieben die beiden Sonntagsjäger unverletzt, doch das Fahrzeug ist im vorderen Bereich stark mitgenommen und verbeult. Gemeinsam versuchen wir, das Fahrzeug wieder flottzumachen, doch die Beschädigungen sind zu groß. Deshalb schlage ich vor, daß wir die Männer nach Ross River bringen, wo sie dann den Abtransport organisieren könnten. Schnell fotografiere ich noch den Ort des Geschehens, dann fahren wir wieder 20 Kilometer zurück nach Ross River und liefern die beiden an einer Tankstelle ab. Als Dank wollen sie uns zu einem Drink einladen, den wir aber dankend ablehnen.

Unser nächstes Ziel ist der nach einem Kartenspiel benannte Bergbauort Faro, der über 430 Kilometer von Watson Lake entfernt liegt und durch eine zehn Kilometer lange Stichstraße mit dem Highway verbunden ist. Vor kurzem lebten hier noch über 1500 Menschen, die alle von der *Curragh Mine* lebten. Einer Blei-Zink-Mine, die in einem riesigen Gebiet oberhalb von Faro das erzhaltige Gestein abbaute und auch gleich verhüttete. Doch das ist alles schon wieder Vergangenheit. Denn als wir in Faro ankommen, ist die Mine wieder einmal stillgelegt, und die Lastwagen mit den riesigen Reifen setzten schon Rost an (s. S. 79). Seit der Eröffnung der Mine im Jahre 1969 wurden die Minenarbeiter wiederholt durch Stillegungen arbeitslos. Immer wenn die Weltmarktpreise fallen, wird die Mine geschlossen und der Ort Faro verwaist, so wie wir ihn jetzt vorfinden. Die Fahrt über die letzten 180 Kilometer bis nach Carmacks, dem Ende des *Campbell Highway*, geht schnell voran. Sie führt durch eine waldreiche Landschaft zum 13 Kilometer langen Little Salmon Lake, weiter durch das Tal des Yukon River, dem wir bis nach Carmacks folgen.

Seiten 82/83:
Am nördlichen Ende der South Canol Road fließt der Lapie River wildromantisch durch den Lapie Canyon. In einer Höhe von 150 Metern führt die Schotterstraße steil und eng am Fluß vorbei.

Canol Road

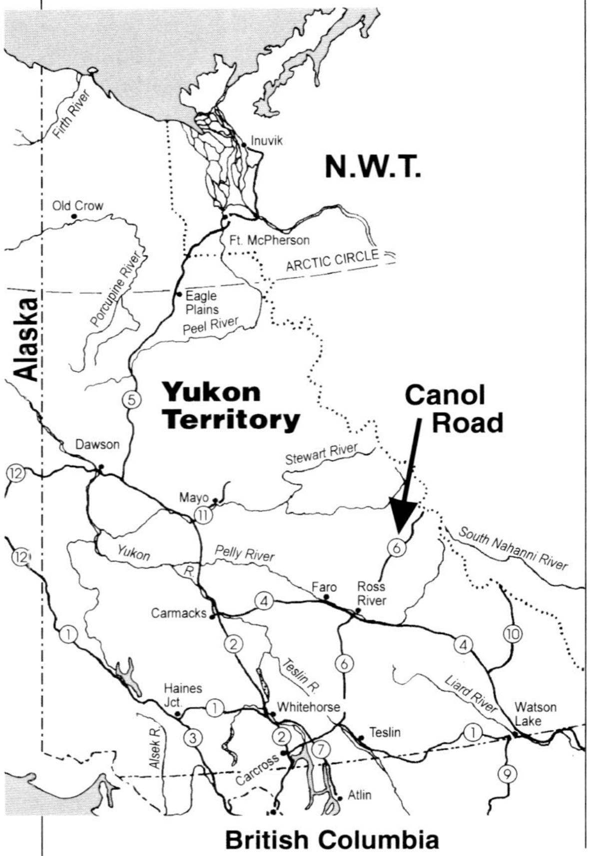

Dort, wo der *Alaska Highway* bei Johnsons Crossing über den Teslin River führt, 178 Kilometer vor der Hauptstadt Whitehorse, beginnt die über 800 Kilometer lange *Canol Road*. Eine der ungewöhnlichsten und einsamsten Straßen des kanadischen Nordens, die auch heute noch, nach dem Bau vor über 50 Jahren, den Reiz eines außergewöhnlichen Abenteuers vermittelt. Sie wurde in Rekordzeit mit der gleichen Zielsetzung gebaut wie der *Alaska Highway*, nämlich während der letzten Jahre des Zweiten Weltkriegs das Öl für die amerikanische Kriegsmaschinerie zum Sprudeln zu bringen. Damals wollte man eine Rohrleitung und eine Straßenverbindung zu den Ölfeldern von Norman Wells bauen, einer Ansiedlung, die an den Ufern des Mackenzie River in den *Northwest Territories* liegt. Mit 30 000 Mann rückten im Frühjahr 1942 die Baukolonnen des *Alaska Highway* an, und innerhalb von zwei Jahren hatte man auch hier mit dem Aufwand von sage und schreibe 134 Millionen Dollar eine Schneise durch die unwegsame Wildnis geschlagen. Doch das Öl wurde nur ein Jahr lang gefördert. Insgesamt eine Million Barrel flossen durch die zehn Zentimeter dicke Pipeline nach Whitehorse. Das Aus für die Straße, die Telegrafenlinie und die Pipeline kam bei Kriegsende im Sommer 1945. Da der Abtransport der Baufahrzeuge zu aufwendig gewesen wäre, ließ man sie einfach an Ort und Stelle zurück. Heute sind diese verrotteten Wracks sogar als *National Historic Site*, als nationales historisches Denkmal ausgewiesen. Wahrscheinlich Kanadas teuerstes und nutzlosestes Denkmal. Die meisten Fahrzeuge sind im oberen, unwegsamen Teil der *Canol Road* zu finden. Nach dem Kriege nahm die Wildnis wieder Besitz von der hastig verlassenen „*Canadian Oil Road*" und ihrem Schrott. Erst 1958 wurde die schmale Schotterpiste für den zivilen Verkehr bis zur Grenze des *Yukon-Territoriums* befahrbar. Ab hier, 254 Kilometer nordöstlich von Ross River, der einzigen Ansiedlung, die an der *Canol Road* liegt, beginnt der *Canol Heritage Trail*. Ein einzigartiger, 362 Kilometer langer Wanderweg, der sich weitgehend an die Streckenführung der Pipeline hält. Er beginnt am MacMillan Pass, wo der Schotter-Fahrweg die letzte intakte Holzbrücke passiert, geht weiter durch viele Flüsse, die durchwatet werden müssen und endet, nachdem man die Mackenzie Mountains überwunden hat, in Norman Wells am Mackenzie River. Jeder Besucher, der es bis zum MacMillan Pass geschafft hat, fotografiert natürlich die in Reih und Glied stehenden abgewrackten Schrottgefährte, denn sie sind der Beweis, daß man hier in der Einsamkeit war. Wenn es da nicht eine bequemere Möglichkeit gäbe, die Wracks der *Canol Road* zu fotografieren. Dieser geheimnisvolle Platz ist selbst vielen Einheimischen unbekannt. Er liegt zwar nur einen Steinwurf vom vielbefahrenen *Alaska Highway* entfernt, ist dafür aber gut mit Busch getarnt. Wer Interesse an den Schrottautos der vierziger Jahre hat, der fahre bis zum Eingangsschild der *Canol Road* bei Johnsons Crossing und biege unmittelbar davor nach links in den Busch ab. Ein fast zugewachsener Weg führt dann nach rund 200 Metern zum Autofriedhof. Doch wer hofft, einige als Souvenir geeignete Autoteile zu finden, wird enttäuscht sein: die Fahrzeuge sind fast alle ausgeschlachtet. In unserer über 500 Seiten starken Straßenbibel *„The Milepost"* (erhältlich in Deutschland beim Arktis-Verlag, Schehle, Bahnhofstraße 13, 87435 Kempten), die neben der *Canol Road* alle befahrbaren Straßen des nordwestlichen Kanada und Alaska Kilometer für Kilometer beschreibt, können wir nachlesen, daß man auf keinen Fall die Straße mit einem Fifth-Wheeler befahren sollte. Wir erinnern uns aber der glaubhaft klingenden Versicherung von Heinz Willner: Mit diesem Fahrzeug könnt ihr alle Straßen des Yukon befahren. Während wir noch am Anfang der *Canol Road* beratschlagen, ob wir den Wohnanhänger abhängen sollen, donnert an uns, wie auf das Stichwort, ein Fifth-Wheeler vorbei. Na ja, was der kann, können wir auch! Und so starten wir durch zum ersten Teilabschnitt, dem südlichen Teil der *South Canol Road*. Wir haben nur wenige Tage Zeit, um die über 1000 Kilometer (Hin- und Rückfahrt) lange, für Fahrzeuge ausgewiesene Strecke zu bewältigen. Deshalb nutzen wir den gut asphaltierten Anfang, um schnell vorwärtszukommen. Ohne anzuhalten passieren wir den Fourmile und den Beaver Creek, danach kommen wir in das weite Tal des Nisutlin River. Nach 100 Kilometern folgt die Straße, die mittlerweile in eine gut zu fahrende Schotterpiste übergegangen ist, der Uferlinie des Quiet Lake. Am Ende des 13 Kilometer langen „stillen" Sees befindet sich ein staatlicher Campingplatz. Mit seiner Bootsanlegestelle und einer kleinen Hütte (zum Ausnehmen der Fische) ist er bestens für Angler geeignet. Jetzt im Juni sind wir die einzigen Besucher auf dem großen, mit Tannen bewachsenen Areal, das sich idyllisch an einem Hang bis zur Uferlinie ausdehnt. Da es gerade Mittag ist, legen wir hier eine Rast ein. Laut *„Milepost"* soll man hier große Äschen und Forellen angeln können. Um das Abendessen zu sichern, befestige ich schnell eine Fliege an meiner Angel und versuche mein Glück. Doch es bleibt beim Versuch. Denn, und das weiß natürlich jeder versierte Angler, zur heißen Mittagszeit in der prallen Sonne einen Fisch an die Angel zu bekommen, das ist wie ein Lottogewinn. Nach dem Quiet Lake steigt die Straße steil an, und schon bald erreichen wir das Tal des Rose River, wo sich im Norden die Pelly Mountains vor uns auftun. Es ist ein traumhaftes Tal. Sonnenüberflutet, still und einsam liegt es vor uns. Weit und breit ist keine Menschenseele zu sehen, geschweige denn ein Fahrzeug. Wir fragen uns, warum es so wenig Fotos und kaum Veröffentlichungen über dieses herrliche Teilstück der *South Canol Road* gibt. So ungefähr bei Kilometer 165 erreichen wir das Quellgebiet des Lapie River, dem wir im weiteren Verlauf der Strecke folgen werden. Der Horizont wird beherrscht durch ein imposantes Bergpanorama: Im Westen sehen wir den 2050 Meter hohen Mount St. Cyr und im Osten den 2193 Meter hohen Pass Peak. Der nächste Paß ist dann auch nicht mehr weit. Es ist der Lapie Pass, den wir auf der

Seite 86:
Das offizielle Pflanzen-Symbol des Yukon-Territoriums ist der „Fireweed" (Epilobium angustifolium), ein Nachtkerzengewächs, das fast überall im Yukon anzutreffen ist. Man sagt, wenn die letzte pinkfarbene Blüte verblüht ist, dann kommt der Herbst.

Seite 87:
Eine der schönsten Möglichkeiten den Yukon mit einem Fahrzeug zu erkunden, ist der Fifth-Wheeler. Er besteht aus einem Kleinlastwagen und einem abkuppelbaren Wohnanhänger. Wenn dann die Straße für das Wohnwagengespann unpassierbar wird, fährt man einfach mit dem Zugfahrzeug weiter. Hier sind wir mit unserem Fifth-Wheeler auf der South Canol Road unterwegs.

westlichen Seite des Lapie Canyon (s. S. 82) erklimmen. Jetzt wird es steil, wildromantisch und wahrscheinlich bei Regen zu schwierig für einen Fifth-Wheeler. Deshalb sind wir heilfroh, daß wir trockenes Wetter haben und dank unseres Sechszylinder-Ford-Motors ohne Probleme den Paß hinaufkommen. Spät am Nachmittag erreichen wir das Ende der *South Canol Road*, die an einer unauffälligen Kreuzung auf den *Campbell Highway* trifft, eine Schotterstraße, die die Verbindung zwischen den Orten Watson Lake und Carmacks aufrechthält. Die Nacht verbringen wir auf einem herrlich gelegenen Campingplatz, an dem der *Campbell Highway* mit einer stabilen Eisenbrücke den Lapie River überquert. Von den 14 Stellplätzen des staatlichen *Lapie Canyon Campground* sind gerade mal zwei belegt, deshalb haben wir die freie Auswahl. Hier wollen wir am nächsten Morgen auf dem Stellplatz unseren Wohnanhänger zurücklassen, um den nördlichen Abschnitt der *Canol Road* nur mit unserer vierradgetriebenen Zugmaschine in Angriff zu nehmen. Es ist noch kalt an diesem Morgen. Tau liegt auf den Gräsern. Die Aussicht auf einen sonnigen Tag scheint sehr gut zu sein. Weit müssen wir nicht fahren, um nach Ross River, einem 400-Seelen-Dorf am Pelly River, zu gelangen. Nach einer Fahrtstrecke von etwas über 20 Kilometern wollen wir dort Sprit bunkern. Doch die Zapfsäulen an einer Chevron-Tankstelle sind verschlossen. Schon bald gesellt sich noch ein Fahrzeug zu uns, und gemeinsam warten wir auf das Öffnen der Tankstelle. „Wenn ihr mit der Fähre über den Pelly River wollt, zum Startpunkt der *North Canol Road*, dann könnt ihr euch Zeit nehmen, die erste Fähre startet um 8.00 Uhr“, ruft uns ein Indianer zu, der gerade auf einem ATV (All Terrain Vehicle = Motorrad mit vier Rädern) vorbeikommt. Doch dann müssen wir nicht mehr lange auf den Tankwart warten. Beim Betanken erzählt er uns, daß er einmal in der Woche mit seinem Tankfahrzeug bis zum Ende der *Canol Road* fährt. Dort versorgt er einige Blei- und Zink-Minen, die ihren vor Jahren eingestellten Betrieb vor kurzem wiederaufgenommen haben. Der Tanklastwagen steht auf der anderen Straßenseite. Er ist zwar nicht so groß, wie man sich ein normales Transportmittel dieser Art vorzustellen hat, doch wir sind ganz schön überrascht. Sollten all diese wilden Geschichten über den Zustand der *North Canol Road* unwahr sein? Wenn der Tankwart von Ross River mit seinem großen Fahrzeug den Schotter-Fahrweg einmal in der Woche hin und zurück schafft, dann müßte er mit unserem Allradantrieb erst recht zu schaffen sein. Da es gerade kurz nach 7.00 Uhr ist, haben wir noch ein bißchen Zeit für den Ort. Doch das Dorf der Kaska-Indianer hat nicht viel zu bieten, so fahren wir schon zum Fluß und schauen uns eine Fußgängerhängebrücke an, die direkt neben der Fähre den Fluß überspannt. Dann geht es endlich los, wir nehmen eine der abenteuerlichsten Strecken des *Yukon* unter die Räder. Wir haben uns eingedeckt mit Verpflegung für ein paar Tage, schlafen wollen wir in Schlafsäcken auf der Ladefläche oder im Fahrzeug, und das zusätzlich mitgenommene Benzin müßte auch reichen. Nach dem Verlassen der Fähre folgt die Straße dem Flußlauf des Ross River, der in der *Itsi Range*, nahe der Grenze zu den *Northwest Territories*, entspringt. Es geht vorbei an einigen versprengten Indianer-Hütten, weiter durch dichtes Buschwerk. Die Straße wird zu unserer Überraschung immer schlüpfriger. In der vergangenen Nacht muß es hier geregnet haben, denn der schmale Weg ist stark verschlammt. Krampfhaft müssen wir das Lenkrad festhalten, damit wir nicht in den Busch abschmieren. Doch schon bald verlassen wir das nasse Tal, und der Weg wird jetzt zur Staubpiste. Schon zweimal haben Elche unseren Weg gekreuzt, und spätestens jetzt müssen wir dem geflügelten Wort recht geben, daß es im *Yukon* mehr Elche als Menschen gebe. Auf rund 27 000 Einwohner kommen tatsächlich über 50 000 Elche. Am Dragon Lake, 68 Kilometer von Ross River entfernt, treffen wir das erste Mal wieder auf Menschen. In Parkbuchten am Wegesrand stehen einige Campmobile von Anglern, die an diesem Morgen auf dem See schon sehr aktiv sind. Kurz dahinter sehen wir an einer Müllhalde, die unmittelbar neben der Straße liegt, eine *Twin Pioneer*, ein Flugzeug aus der Ära des Zweiten Weltkrieges, das hier notgelandet ist und noch gut erhalten im Buschwerk liegt. Nach weiteren zehn Kilometern können wir zum ersten Mal den 2114 Meter hohen Mount Sheldon entdecken, der sich linker Hand majestätisch in Form einer Pyramide vor uns erhebt. Hinter diesem Berg verläuft der South MacMillan River, und dort muß irgendwo die Hütte eines deutschen Aussteigers liegen. Besser gesagt, die Regierung des *Yukon* hat ihn aussteigen lassen. Denn seine Hütte wurde im letzten Jahr von Amts wegen abgebrannt. Nach Lage der Dinge und wie mir einige Regierungsleute berichtet haben, war es aber kein Akt von Behördenwillkür. Dieser ehemalige deutsche Beamte aus Süddeutschland hat sich die Sympathien und das Wohlwollen der Yukon-Administration leichtfertig verscherzt. Denn auch in der einsamen Wildnis gibt es gewisse Spielregeln, die man einhalten muß. Er hatte z. B. ohne Genehmigung eine verlassene Hütte ausgebaut, um dort zahlende Gäste unterzubringen. Die Jagdaufsichtsbehörde fand bei ihm Elchfleisch, das er angeblich von Indianern gegen Bier eingetauscht hatte. Außerdem nahm man ihm übel, daß er in Deutschland lauthals das Gerücht (mittlerweile hat er es revidiert) verbreitete, im *Yukon-Territorium* könne sich jedermann ohne große Formalitäten eine Hütte bauen. Wie auch immer, wer mit Indianern handelt und dabei Alkohol als Tauschware einsetzt, der gehört nicht in den *Yukon*, für den sollte es auf dem amerikanischen Kontinent keinen Platz geben. Immer mehr gewinnt die *Canol Road* an Höhe. Vor kurzem muß es auch hier geregnet haben, die Straße wird erneut schlammiger. Wir müssen wieder die Fahrgeschwindigkeit stark reduzieren. Jetzt kommen auch die dunklen Wolken (s. S. 91), die seit Stunden schwarz und drohend über dem Mount Sheldon hängen, näher. Der Regen kommt schneller als erwartet. Dicke Regentropfen prasseln auf unser verdrecktes

Seiten 90/91:
In den letzten Jahren des Zweiten Weltkrieges wurde die Canadian-Oil-Road (Canol Road) und eine dazugehörige Pipeline von Whitehorse bis nach Norman Wells in den Northwest Territories durch den unwegsamen Busch gebaut. Von den Ufern des Mackenzie River wollte man Öl bis zur Hauptstadt des Yukon befördern. Doch durch die Pipeline floß nur ein Jahr lang das Öl, dann stoppte das Ende des Krieges das Milliardenprojekt. Die ehemalige Versorgungsstraße, die im Winter geschlossen ist, wird heute nur noch mit einem minimalen Aufwand für den Verkehr freigehalten. Mit seiner wildromantischen Streckenführung zählt die Canol Road zu den abenteuerlichsten Sackgassen des kanadischen Nordens. Die zurückgelassenen Fahrzeuge der Baukolonnen wurden am 18. August 1990 zum nationalen historischen Erbe von Kanada erklärt, der berühmteste Schrotthaufen Kanadas.

6
NORTH
N.W.T. Border 95

Fahrzeug nieder, und schnell vermehrt sich auf der Straße die zähe, klebrige Masse. Nach 150 Kilometern treffen wir das erste Mal auf das verlassene Equipment der US-Armee. In einem verfallenen Wohnwagen, der seinerzeit auf Kufen hierher geschafft wurde, warten wir auf die Sonne. Und die brauche ich dringend, denn ich möchte auf jeden Fall die tristen Wahrzeichen der *Canol Road* im Sonnenlicht fotografieren. Mit dem Warten und Fotografieren haben wir viel Zeit verloren, deshalb fahren wir an den nächsten Schrottautos, die nur wenige Kilometer weiter nördlich liegen, ohne anzuhalten vorbei. Wenig später liegt wildromantisch der South MacMillan River vor uns, ein unberührter Wildwasserfluß, auf dem man über den Pelly und Yukon River bis nach Dawson City paddeln kann. Das erste Mal erwähnt wurde dieser Fluß 1843 von Robert Campbell, der in Diensten der *Hudsons Bay Company* den Fluß erforschte, den er nach dem englischen Bevollmächtigten der Handelsgesellschaft, James MacMillan, benannte. Bei Kilometer 185 ist eine Abzweigung sehr stark ausgefahren. Eine tiefe Fahrrinne führt zu einer elf Kilometer entfernten Barite-Mine. Wir nehmen an, daß der Tankwart aus Ross River bis hierher seinen Treibstoff transportiert. Im weiteren Verlauf führt die „*Canol*" wieder über viele schmale Brücken. Knapp 20 Kilometer vor der Grenze zu den *Northwest Territories* müssen wir dann den 1366 Meter hohen MacMillan Pass erklimmen, der uns einen weiten und beeindruckenden Blick in eine baumlose Hochebene beschert. Dann endlich, nach genau 232 Kilometern von Ross River haben wir eines unserer lange geplanten Ziele erreicht: die Grenze des *Yukon-Territoriums* zu den *Northwest Territories*. Hungrig und etwas müde suchen wir einen Platz für die Nacht. Unweit der Straße finden wir unter Büschen eine gute Möglichkeit, die Nacht im Auto zu verbringen. Es wird eine unruhige und schlaflose Nacht. Trotz der dicken Schlafsäcke kommt schnell die Kühle der Nacht in das sehr unbequeme Fahrzeuginnere. Draußen ist es totenstill, außer einem Vogel, der ebenfalls müde sein Lied singt, hören wir nichts. Kein Wolf heult und auch kein Bär macht auf sich aufmerksam. Nach einem kurzen und kalten Frühstück bereiten wir uns auf den *Canol Heritage Trail* vor, die verlängerte Route der Schotterpiste *Canol Road*, auf die man sich ab hier nicht mehr mit einem Fahrzeug wagen sollte. So steht es wenigstens auf dem Schild, auf dem weiter zu lesen ist, daß ab jetzt jedes Weiterfahren wegen vieler eingestürzter Brücken auf eigenes Risiko geschehe. Normalerweise muß man nun die Wanderschuhe anziehen, um eines der schönsten kanadischen Hiking-Abenteuer zu erleben. Über 375 Kilometer verläuft dieser verfallene Trail durch die menschenleeren Täler der Mackenzie Mountains bis hinunter zum Mackenzie River. Schade, denken wir, daß wir so wenig Zeit haben, diesen Pfad würden wir gern bis zu seinem Ende wandern. Zunächst kommen wir auf der ausgefahrenen Piste, die von Büschen umsäumt ist, noch gut voran. Das erste Hindernis ist der Tsichu River, dessen ehemalige Brücke wir leider nicht benutzen können, und an dem wir ohne unseren zuschaltbaren Vierradantrieb nicht mehr weitergekommen wären. Die Räder verschwinden teilweise bis zur Achse im Fluß. Vorsichtig fahren wir weiter. Unser Einspritzer darf auf keinen Fall Wasser ansaugen, denn wenn unser Motor Wasser abbekommt, können wir die Weiterfahrt vergessen. Dann tut sich nichts mehr, und das Fahrzeug müßte abgeschleppt werden. Und das sehr weit und wahrscheinlich auch sehr teuer, der nächste Mechaniker ist in Ross River. Nach der Durchquerung einiger kleinerer Bäche steigt die abenteuerliche Piste wieder etwas an, und wir erreichen auf einer Hügelkette die Blockhütten von Sam Miller. Sam ist Wildbiologe, der 1976 hier das Leben der Bären studierte, die Mackenzie Mountains zu seiner neuen Heimat erklärte und sich drei Jahre später aus den Holzresten des Canol-Road-Projektes ein paar Hütten zusammenzimmerte. Er nannte die ungewöhnliche Herberge *Old Squaw Lodge*, die mittlerweile auch zahlende Gäste aufnimmt und als besonderer Geheimtip für Einsamkeitsfanatiker in ganz Nordamerika gilt. Schon bei seinen ersten Aktivitäten in dieser Gegend hatte Sam Miller festgestellt, daß von den Relikten der *Canol Road* eine große Gefahr besonders für die Tierwelt ausgeht. Viele Tiere hatten sich in den umherliegenden Telegrafendrähten verfangen oder an den verrosteten Ölfässern verletzt. Für die zuständigen Behörden gab es keinen Anlaß, hier tätig zu werden, so nahm sich Sam Miller selbst in die Verantwortung und betätigte sich als Müllsammler. Doch lange blieb der kauzige Sam nicht allein. Schon bald gesellte sich noch ein Biologe hinzu: Mit Norman Barichello, der sich mit Frau und Kind hier niedergelassen hat, bekam er einen tatkräftigen Mitinhaber der *Old Squaw Lodge*. In der Zwischenzeit haben sie und viele Gäste über 13 Kilometer Telegrafendrähte aufgerollt und 40 alte Ölfässer gesammelt. Unterstützt werden sie u. a. von *Shell Canada* und der *Yukon Conservation Society*, neuerdings bieten sie dem Besucher einen besonderen Nachlaß beim Übernachtungspreis an: Eine Woche bezahlen (über 1000 Dollar) und eine Woche ist kostenlos, dafür muß man dann die Hälfte seines Aufenthaltes beim Aufräumen mithelfen. Ich meine, eine gute Idee, wenn nur der Weg zur Lodge nicht so weit wäre. Hinzu kommt, daß man nur ganze drei Monate im Jahr hier oben wohnen kann. Wir können nur eine Nacht in der Herberge mit dem weiten Ausblick in das bis zum Horizont reichende Hochplateau verbringen. Sam Miller treffen wir nicht an. „Der ist mit ein paar Gästen irgendwo in den Bergen", erklärt Norman, der uns mit seiner Frau Barb und seinen Freunden George und Brodie ausgezeichnet versorgt und uns viel Wissenswertes über die *Canol Road* vermittelt. Am nächsten Morgen fahren wir noch ein Stück mit dem zugeschalteten Allradantrieb weiter. Wir erreichen das Tal des Intga River, der dann unser endgültiger Wendepunkt ist, denn wir müssen in den nächsten Tagen noch über 700 Kilometer bis nach Whitehorse zurückfahren.

Seiten 94/95:
Vom Top of the World Highway geht der Blick weit in das Land oberhalb der Baumgrenze. Diese Schotterstraße, die im Winter gesperrt ist, wird im Sommer von vielen Touristen genutzt, um von Dawson City nach Alaska zu fahren.
Aufgenommen mit einer WIDELUX Panoramakamera im Winkel von 180° auf Fuji VELVIA Rollfilm.

Top of the World Highway

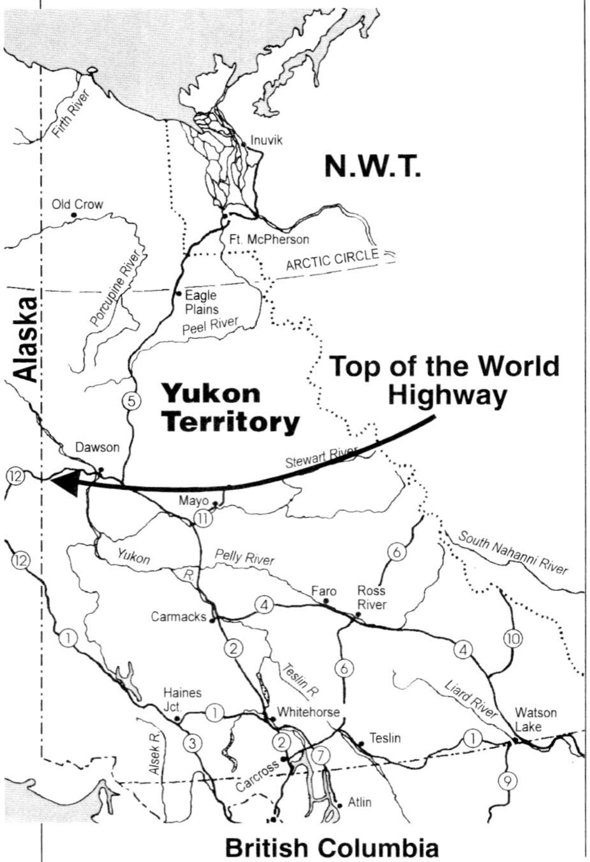

Wer auf dem Landweg vom *Yukon-Territorium* nach Alaska fahren will, der hat nur zwei Straßen zur Auswahl. Außer dem *Alaska Highway*, den ich im ersten Kapitel beschrieben habe, gibt es noch die Verlängerung des *Klondike Highway*, besser bekannt als *Top of the World Highway*. Eine Schotterstraße, die auf der kanadischen Seite zum größten Teil oberhalb der Baumgrenze verläuft, nach 106 Kilometern die alaskanische Grenze passiert und dann unter der Bezeichnung *Taylor Highway* bis zum *Alaska Highway* nach Tetlin Junction / Alaska weiterführt. Dieser *Klondike Loop*, wie er inoffiziell genannt wird, beginnt dort, wo der *Klondike Highway* endet, nämlich in Dawson City. Die Bezeichnung „loop" ist schon sehr treffend gewählt, denn der *Top of the World Highway* ist das ideale Verbindungsglied einer „Schleife", einer Rundreise durch das *Yukon-Territorium*. Für die insgesamt 285 Kilometer lange Strecke sollte man schon ein bißchen mehr Zeit als üblich einplanen, denn in der Regel läßt die Waschbrett-Schotterstraße nur eine Durchschnittsgeschwindigkeit von 50 km/h zu.

Starten wir also in Dawson City, wo wir zuerst einmal den Yukon River überqueren müssen. Man sollte nicht zu spät losfahren, denn die Grenzstation *Poker Creek Office* schließt um 21.00 Uhr, sie öffnet dann erst wieder morgens um 9.00 Uhr. Die kostenlose staatliche Fähre ist dagegen im Sommer rund um die Uhr in Betrieb. Wo die Fähre am gegenüberliegenden Flußufer anlandet, liegt ein großer staatlicher Campingplatz mit 76 Stellplätzen, 20 Zeltplätzen und einer Wasserpumpe. Nach wenigen hundert Metern biegt nach links ein schmaler Fahrweg ab, er führt oberhalb des Flußtales zu einem Golfplatz und zu verschiedenen Wohnhäusern. Von hier oben hat man u. a. ausgezeichnete Möglichkeiten, den Ort einmal aus einer anderen Perspektive zu fotografieren. Hier entstand auch das Panoramafoto auf den Seiten 44/45, das ich im Februar aufnahm.

Der *Top of the World Highway* ist zwar im Winter geschlossen, doch bis hierher und sogar noch ein Stück weiter bis auf den Gipfel, wo der Wald endet und die baumlose, hochalpine Landschaft beginnt, kann man auch noch im Winter fahren. Im Sommer bieten die nächsten 60 Kilometer einzigartige Panoramaausblicke, die weit in das historische Goldland des Fortymile River reichen, dem Ursprungsgebiet des Yukon-Goldrausches. Wie schon so oft bei unseren Reisen durch den *Yukon* wurden wir auch hier wieder einmal neugierig auf die Nebenstraßen, auf die vergessenen und verlassenen Straßen vergangener Zeiten. Eine dieser Straßen ist die *Clinton Creek Road*, auf die ein kleines unscheinbares Schild hinweist, das am rechten Straßenrand des *Top of the World Highway* steht. Über 40 Kilometer weit müssen wir auf einer grobschottrigen Straße bergab fahren. Am Ende stehen wir vor einer guterhaltenen Eisenbrükke, die den Fortymile River überspannt und zu den Überresten der Siedlung Clinton Creek führt. Von 1967 bis 1979 wohnten hier die Arbeiter einer nahe gelegenen Asbest-Mine. Die *Cassiar Asbestos Mine* war damals eine der größten im Norden Kanadas. Um zu ihr zu gelangen, müssen wir noch einige Kilometer weiter in den Busch hineinfahren. Erst ein tiefes Loch in einer kleinen Brücke verwehrt uns dann das Weiterkommen, und wir müssen unsere vierradgetriebene Zugmaschine des Fifth-Wheeler stehenlassen. Stundenlang durchstreifen wir das Gebiet der verlassenen Asbestmine, wo wir außer einem Schwarzbären und einem jungen Elch kein Lebewesen sehen. Auf der Rückfahrt treffen wir eine kleine Gruppe von Kanuten, die gerade auf dem Fortymile River eine über 150 Kilometer lange Paddelstrecke bewältigt haben. Sie berichten, es sei ein leichter Trip gewesen von Alaska nach Kanada, ohne große Stromschnellen oder besondere Anstrengungen.

Die nächsten 45 Kilometer auf dem *Top of the World Highway* bieten wieder herrliche Ausblicke weit in das Land oberhalb der Baumgrenze. Allein ist man aber während der Sommersaison hier oben nie. Wir zählen alle 15–20 Minuten ein Fahrzeug, das sich meistens von weitem mit einer riesigen Staubwolke ankündigt. Die Grenze nach Alaska wird dann bei Kilometer 106 mit den nötigen Formalitäten überschritten, daß heißt: deutsche Staatsbürger benötigen zur Zeit kein US-Visum, der Reisepaß genügt. Jetzt gewinnen wir auch eine Stunde, denn wir wechseln die Zeitzone.

Bei der Familie Wolff, den Besitzern der *Boundary Lodge*, eines der ersten Roadhouse (Raststätten) Alaskas, gibt es dann kurz hinter der Grenze eine Möglichkeit, Benzin nachzutanken. Nach 154 Kilometern endet offziell bei Jack Wade Junction der *Top of the World Highway*, genauer gesagt: er mündet in den *Taylor Highway*. Eine ebenso abenteuerliche Schotterstraße, die in nördlicher Richtung nach 106 Kilometern in Eagle (200 Einwohner) endet. Ein sehenswerter Ort mit vormals größerer Bedeutung. Hier wurde um die Jahrhundertwende das nördlichste Telegrafenamt des amerikanischen Kontinents eröffnet, damals lebten über 1700 Einwohner in dem Handelsposten am Yukon River.

Fährt man bei der Jack-Wades-Kreuzung nach Westen weiter, dann wird die Straße enger, noch steiniger und für große Wohnmobile bei Regen schwer passierbar. Es geht vorbei an einem riesigen verrosteten Goldbagger zur alten Minensiedlung Chicken, die nach den vielen Schneehühnern (Ptarmigans), die es in dieser Gegend gibt, benannt wurde. Zu dem 37-Seelen-Ort führt der *Taylor Highway* durch eine einsame und wildromantische Landschaft über 100 Kilometer weit bis zum Endpunkt nach Tetlin Junction am *Alaska Highway*. Doch im Herbst, wenn die Jagdsaison eröffnet wird, ist es vorbei mit der Einsamkeit. Rechts und links des Highways sieht man unzählige Elchjäger durch die Büsche streifen. Obwohl ich selbst kein passionierter Jäger bin (außer wenn es um die Beschaffung von Nahrung geht), möchte ich im nächsten Kapitel das Jagen und Angeln etwas näher beschreiben, weil ich aus vielen Gesprächen weiß, daß beinahe jeder europäische Jäger davon träumt, in Kanada, besonders im *Yukon-Territorium*, auf die Pirsch zu gehen.

Seite 98:
Das „Halskrausen-Waldhuhn", die „Ruffed Grouse" (Bonasa umbellus) ist vorwiegend in den bewaldeten Niederungen des Yukon-Territoriums anzutreffen. Während des kalten Yukon-Winters verbringt es die meiste Zeit auf den Bäumen oder in kleinen Schneehöhlen. Die hier abgebildete Henne wurde in der Nähe der Dalton Trail Lodge im Februar fotografiert.

Seite 99:
Das kanadische Rot-Eichhörnchen ist in allen Waldregionen von Kanada anzutreffen, selbst im hohen Norden des Yukon-Territoriums kann man das Gezeter des „Red- oder Pine Squirrel" (Tamiasciurus hudsonicus) schon von weitem hören. Ende März bringt es in der Regel 3–7 Junge zur Welt, in fetten Jahren kommt manchmal im Herbst noch ein zweiter Wurf zur Welt.

Jagen und Angeln im Yukon

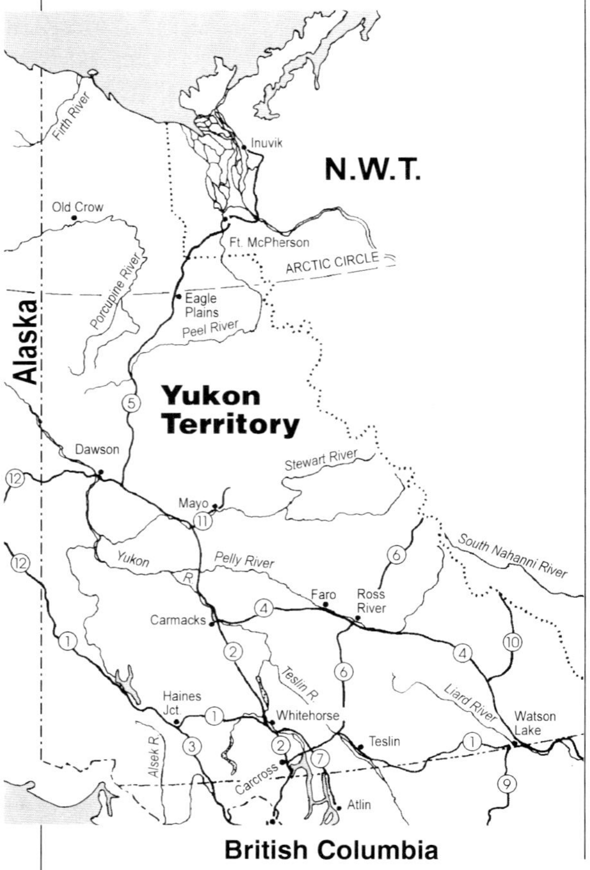

Meine Jagderfahrungen im *Yukon* beschränken sich auf das recht preiswerte und lautlose Jagen mit der Kamera. Teuer wird es dagegen für den Ausländer, der im *Yukon* mit einer Waffe auf Großwildjagd gehen möchte. Zunächst möchte ich aber auf eine sprachliche Verwechslung hinweisen, die besonders im deutschen Sprachraum verbreitet ist. Als die ersten weißen Siedler den nordamerikanischen Osten besiedelten und der ihnen zum Teil fremden Tierwelt Namen gaben, wurde der Wapiti-Hirsch anstelle des Elches mit „*elk*“ bezeichnet. Für den Elch benutzte man das Wort „*moz*“, das in der Sprache der Algonkin-Indianer „Zweigfresser“ bedeutet. Heute heißt der Elch in der englischen Sprache „*moose*“. Wenn man diese Begriffe nicht klar unterscheidet, sind Komplikationen vorprogrammiert. Über 50 000 *moose* (also Elche) soll es nach neuesten Erhebungen im *Yukon* geben. Sie zählen mit den Grizzlybären zum attraktivsten jagdbaren Hochwild. Man findet sie fast überall. Doch im Gegensatz zum einheimischen Jäger, dem ein Elch pro Jahr ohne besondere Formalitäten zum Abschuß freigegeben ist, muß der nicht ansässige Jäger seine Jagd auf Großwild bei einem registrierten Veranstalter buchen, und er muß von einem speziell lizenzierten Jagdführer begleitet werden. Das erlegte Wild muß auch von den Jägern zur restlosen Verarbeitung mitgenommen werden, was bei einem Elch schon zur schweißtreibenden Arbeit werden kann. Außer den erheblichen Kosten für den Jagdführer und der Jagdlizenzgebühr von 150 Dollar (plus GST-Steuer) muß der ausländische Jäger für einen erlegten Elch 150 Dollar Abschußgebühr zahlen. Der Schwarzbär und der Wolf kosten jeweils 75 Dollar, der Grizzlybär 500 Dollar und das Grizzlyweibchen sogar 750 Dollar. In den meisten Fällen wird das bewährte Kaliber .30-06 Springfield verschossen.

Ohne Jagdführer kann der ausländische Jagdberechtigte im *Yukon* aber auch jagen. Hierzu braucht er für 20 Dollar eine „*small game licence*“, damit kann er dann vom 1. September bis zum 30. November auf die verschiedenen Arten von Waldhühnern Jagd machen, bis zum 15. März ist die Jagd auf das *ptarmigan* (Schneehuhn) offen. Die Lizenz berechtigt ferner zum Abschuß von Schneeschuh-Hase, Arktis-Erdhörnchen und Stachelschwein. Alle anderen kleinen Säugetiere sind geschützt. Dies alles und noch viel mehr kann man in den „*Hunting Regulations*“ nachlesen, eine sehr interessante über 70seitige Broschüre, die kostenlos vom *Department of Renewable Resources*, Box 2703, Whitehorse, Yukon, Y1A 2C6, zu beziehen ist. Von der gleichen Dienststelle kann man auch die „*Sport Fishing Regulations*“ bekommen, eine kleine Druckschrift, die mit 30 Seiten nicht so umfangreich ist wie die Jagdgesetze, doch sind hier immerhin alle wichtigen Informationen über das Angeln im *Yukon* zu finden. Die Betonung möchte ich auf das Angeln legen und nicht, wie die Kanadier es in den meisten Fällen tun, vom *sportfishing* reden. In der Regel bedeutet dies nämlich: *catch and release*, fangen und wieder zurücksetzen, eine „Sportart“, die nach meiner Meinung höchstens bei zu kleinen Fischen (alle Fische unter 20 cm müssen sowieso wieder zurückgesetzt werden) ihre Berechtigung haben sollte. Das heißt also nicht, daß ich das Angeln verurteilen möchte, ganz im Gegenteil, seit ein paar Jahren habe ich bei meinen Reisen immer eine Angel dabei, um den Speiseplan zu bereichern. Denn was kann es Schöneres geben, als einen frischgefangenen Fisch, den man aus einem klaren See des *Yukon* geangelt hat, unmittelbar am See über dem Holzfeuer zu grillen? An 277 Angelseen und 10 000 Kilometern Flußstrecke gibt es im *Yukon-Territorium* zahllose Fischgründe. Eine Lizenz, die aussieht wie eine Visitenkarte, und die man problemlos in vielen Sportgeschäften, *hardware* und *general stores,* erwerben kann, ist auch hier im einsamen Norden Kanadas erforderlich. Der *non-resident*, der Nicht-Kanadier, zahlt für eine Sechstage-Lizenz 20 Dollar und für das ganze Jahr 35 Dollar. Von den jährlich rund 16 000 ausgestellten Angel-Lizenzen entfallen auf die Ausländer etwa 4500 Lizenzen. In den kalten und klaren Flüssen des *Yukon* ist die Polaräsche (*arctic grayling*) am meisten verbreitet. Über 50 000 dieser Segelfloßler werden jährlich im *Yukon* geangelt. Am besten wird er mit einer Fliege geködert, und er sollte auch sofort gegrillt werden, denn tiefgefroren verliert er seinen Wohlgeschmack. In den Seen kann man Seesaiblinge (*lake trout*) der unterschiedlichsten Größen fangen, wobei sich das Fang-Limit auf drei Fische am Tag beschränkt. Vor ein paar Jahren hat man am Aishihik Lake einen über 30 Jahre alten Seesaibling gefangen, der jetzt als präparierter Fisch in der *Dalton Trail Lodge*, die an der *Haines Road* liegt, zu bewundern ist. Am Dezadeash Lake, dem Angel-Revier der *Dalton Trail Lodge*, fing übrigens meine Frau den auf Seite 111 abgebildeten Kanada-Hecht (*northern pike*). Dieses Prachtexemplar gefiel uns so gut, daß wir es unmittelbar nach dem Fotografieren wieder in den See zurücksetzten. Im Gegensatz zum Hecht, der manchmal etwas modrig schmecken kann, ist der bucklig aussehende Weißfisch (*lake whitefish)* eine Delikatesse, die in vielen Seen vorkommt und besonders als Räucherfisch im *Yukon* auf den Tisch kommt. Probleme hatten wir im Südwesten des *Yukon-Territoriums* mit dem Fang von Regenbogenforellen (*rainbow trout*), wir warteten oft vergeblich mit Fliege und Spinner auf einen Anbiß. Für viele Angler ist der kanadische Lachs einer der großen Traumfische, doch aufgrund beschränkter Angelreviere haben sie nur einen geringen Anteil an der jährlichen Fangmenge von über 100 000 Fischen, die sich im *Yukon* auf 17 verschiedene Fischarten verteilt. Von den drei Lachsarten hat der *Sockeye*-Lachs das saftigste Fleisch, er laicht in Flüssen, die aus Quellseen kommen. Im Tatshenshini River am *Kluane National Park* und im Yukon ist überwiegend der *Chinook*-Lachs zu finden, der in der Regel 6–9 Kilogramm auf die Waage bringt. Jäger und Angler können sich also im *Yukon* viele Träume erfüllen. Bei allen geplanten Aktivitäten sollte man aber auch bedenken, daß im Sommer die Moskitos niemals schlafen.

Seiten 102/103:
Wenn im Herbst die Lachse den Tatshenshini River hochziehen, wirft der Schweiz-Kanadier Hardy Ruf seine Angel aus. FUJICA Panoramakamera-Foto im Dia-Format 6 x 17 cm.

Haines Road

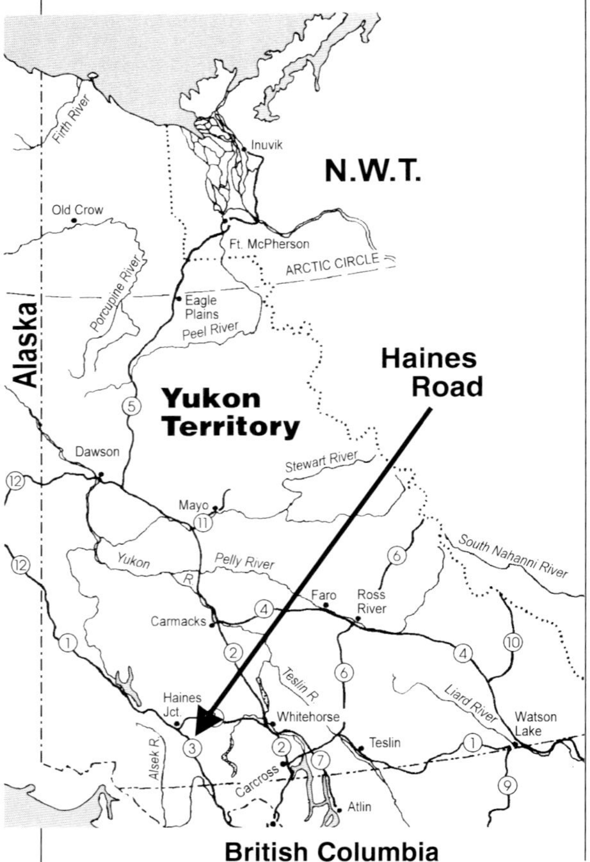

Schon oft gipfelten meine Beschreibungen der Straßen des *Yukon* in Superlativen landschaftlicher Schönheitsattribute. Man könnte glauben, daß eine Steigerung nicht mehr möglich sei. Aber ich habe bewußt die Schilderung einer Straße an das Ende dieses Buches gesetzt, die zumindest hinsichtlich der Gebirgsszenerie alle anderen Routen noch übertrifft. Es ist die *Haines Road*, eine Verbindungsstraße, die in der Südwestecke des Territoriums den alaskanischen Fährhafen Haines mit dem *Alaska Highway* verbindet. Die 256 Kilometer lange, gut ausgebaute Straße führt vom Ende des Lynn-Kanals (einem Fjord, an dem auch der Fährhafen Skagway liegt) über den 1065 Meter hohen Chilkat Pass, berührt im weiteren Verlauf das Randgebiet der St. Elias Mountains, die zu der Wildnis des *Kluane National Park* gehören und endet in Haines Junction, einer Siedlung, die 1943 während des *Alaska-Highway*-Projektes entstand. Als wir das erste Mal vor zehn Jahren hier entlangfuhren, mußten wir uns noch durch Baustellen quälen, an denen die *Haines Road* nach und nach asphaltiert wurde. Als wir nun kürzlich über diese Route nach Haines fuhren, erkannten wir sie nicht mehr wieder. Aus unserer einstigen Wildnisstraße ist eine breite, parkähnlich gesäumte Straße mit gepflegten Seitenrändern geworden, die zügiges Fahren zuläßt. Doch für eine eilige Fahrt gibt es nur eine Entschuldigung: rechtzeitig die Anlegestelle der Schiffahrtslinie nach Seattle zu erreichen. Aber wer immer es ermöglichen kann, sollte sich auf der Straße, die teilweise auf dem Originalweg der Goldsucher, dem *Dalton Trail* entlangführt, viel Zeit nehmen. Denn es gilt nicht nur, die einzigartigen Gebirgspanoramen in Ruhe zu genießen, von hier aus kann man auch viele interessante Wanderungen in das Hinterland unternehmen.

Von Klaus Roth, dem deutschsprachigen Chef von *Tourism Yukon*, bekamen wir die Empfehlung, wenn wir auf der *Haines Road* unterwegs wären, unbedingt bei seinem Freund Hardy, dem Besitzer der *Dalton Trail Lodge*, einen Halt einzuplanen. Erstaunt fragte ich Klaus, ob die Lodge neu wäre, denn bei meiner letzten Reise war sie mir nicht aufgefallen. Soweit wie ich mich erinnern konnte, stand früher bei Kilometer 40 nur die Hütte eines Jägers. Doch wie die Zeit vergeht. Schon vor sieben Jahren hat Hardy die Hütte erworben, ausgebaut und vergrößert, und seitdem ist die *Dalton Trail Lodge* eine der erfolgreichsten Angel-Herbergen des *Yukon*, erfuhr ich von Klaus. Neugierig auf Hardy Ruf, den Eidgenossen aus Bern, starten wir von Haines Junction in Richtung Süden, um die *Haines Road* und seine Anlieger für uns neu zu entdecken. Direkt in der Ortsmitte, bei *Madleys General Store*, dem einzigen Mini-Supermarkt im Umkreis von 160 Kilometern, biegt die *Haines Road* vom *Alaska Highway* ab. Schon bald hinter dem Ortsausgang der 500 Einwohner zählenden Gemeinde überqueren wir den Dezadeash River, einen kleinen Fluß, der ein geruhsames Paddelvergnügen verspricht. Danach steigt die *Haines Road* steil an, um für eine lange Zeit unmittelbar an der Ostgrenze des *Kluane National Park* zu verlaufen. Nach 27

Kilometern erreichen wir die Zufahrt zum *Kathleen Lake Campground*, dem einzigen Campingplatz im Nationalpark. Unweit eines herrlich gelegenen Sees, der in die Ausläufer der St. Elias Mountains eingebettet ist, bietet er 42 schlichte Stellplätze für den mobilen Touristen. Doch auf dem mäßig besetzten Campingplatz machen wir nur eine kleine Rast, wir wollen schließlich weiter zur *Dalton Trail Lodge*, um dort die Nacht zu verbringen. Mit lautem Hundegebell werden wir an der Einfahrt zur Lodge, 38 Kilometer entfernt von Haines Junction, begrüßt. Zwei Hunde, ein Schäferhund und ein ebenso großer zottiger Mischling umkreisen unser Fahrzeug, und es sieht fast so aus, als wollten sie uns nicht aussteigen lassen. Doch kaum haben wir die Tür unseres Fahrzeugs geöffnet, laufen sie in das Haus und bellen uns nur noch aus der Ferne an. In der Eingangstür zum Haupthaus der 15-Zimmer-Lodge steht ein blonder, schnauzbärtiger Mann, der uns im unverkennbaren schweizerischen Dialekt zuruft: „Kommt ruhig näher, die Hunde sind harmlos! Klaus hat mit mir telefoniert, ihr seid bestimmt die Deutschen, die über den *Yukon* ein Buch schreiben wollen.“ Während wir uns vorstellen, gesellt sich noch Trix, seine Frau, zu uns. Mit spontaner Herzlichkeit lädt sie uns gleich zum Abendessen ein. In dem großen, rustikalen Speiseraum (s. S. 107) sind fast alle Tische mit Männern besetzt, die nur ein Thema haben: Wer hat heute den größten Fisch geangelt? Für die meisten Gäste ist Hardys Haus in erster Linie eine *fishing lodge*. Und Fische gibt es reichlich im 83 Quadratkilometer großen Dezadeash Lake, der bis auf einen Steinwurf an die Lodge heranreicht. Beim Abendessen lernen wir auch Reinhard Semmel, den sympathischen Koch der Lodge kennen, der ursprünglich aus Südhessen stammt und seit dem letzten Jahr kanadischer Staatsbürger ist. Mit Frau und Kind, das zusammen mit den drei Kindern von Hardy und Trix die Grundschule in Haines Junction besucht, bewohnt er eines der geräumigen Blockhäuser, die links neben der Lodge errichtet wurden. Nach dem Abendessen besprechen wir mit Hardy, wie wir in den nächsten Tagen zu guten Angelfotos kommen können. „Ihr seid zum richtigen Zeitpunkt gekommen“, sagt er. „Gerade morgen beginnt die Lachssaison am Tatshenshini River. Wir sollten beizeiten schlafen gehen, damit wir morgen früh um sechs zur Fototour aufbrechen können.“ Der nächste Morgen ist lausig kalt, und die Landschaft ist mit Rauhreif überzogen. Jetzt, Anfang September, so erklärt mir Hardy, könnten wir sogar mit dem ersten Schnee rechnen. Zum Tatshenshini River müssen wir auf der *Haines Road* 40 Kilometer weit nach Süden fahren, um dann auf eine wildromantische Straße, die wegen ihrer Steigungen auf keinen Fall für größere Wohnmobile zu empfehlen ist, nach Dalton Post einzubiegen. Hier baute, etwa zehn Kilometer vom Highway entfernt, 1898 der Abenteurer Jack Dalton eine Station und einen Handelsweg, der schon vier Jahre später, nach dem Abflauen des Klondike-Goldrausches von den Goldsuchern nicht mehr gebraucht wurde. Heute

Seite 106:
Mit Erick Oles, einem Wasserflugzeugpiloten aus Haines Junction, flogen wir an einen namenlosen See in der Ruby Range, um Forellen zu angeln.

Seite 107 oben:
Im Speisesaal ihrer 15-Zimmer-Herberge serviert der hessische Koch Reinhard Semmel echte schweizerische Spezialitäten.

Seite 107 unten:
Die Besitzer der Dalton Trail Lodge Hardy und Trix Ruf, die aus der Schweiz eingewandert sind, haben sich 40 Kilometer südlich von Haines Junction auf das Angeln im Yukon spezialisiert.

sind noch ein paar verfallene Blockhäuser am Ufer des Tatshenshini River zu sehen. An dieser Stelle parken wir auch unser Allrad-Fahrzeug. Hardy stattet uns mit *waders* (Watstiefel, die bis zur Taille gehen) aus und gibt uns Angeln, die für das Fischen mit Fliegen ausgelegt sind. Er selbst schnappt sich noch ein Gewehr, das uns vor Bären schützen soll. Das Lachsangeln ist hier am Tatshenshini River genau geregelt. Zu meiner nicht geringen Verwunderung begegnen wir sogar einer Aufseherin der Fischereibehörde, die über die Einhaltung der Angelvorschriften (Fangmenge und Standort) hier in der Wildnis wacht. „Hier unten sind zu viele Angler, deshalb möchte ich mit euch noch ein Stück weiter flußauf laufen, dort könnten wir auch Bären sehen", schlägt Hardy vor. Wir durchwaten einige kleine Zuflüsse und überqueren des öfteren den reißenden Tatshenshini River. Nach einigen Kilometern Fußmarsch entdekken wir im Schlamm des Flusses frische Abdrücke von Bärentatzen. Aufmerksam schauen wir uns um. Hardy sieht den Grizzlybären als erster, mit geübtem Blick hat er ihn am gegenüberliegenden Flußufer entdeckt. „Nimm dir Zeit, den Bären zu fotografieren, hier oben ist Sperrzone, hier dürfen wir sowieso nicht angeln", sagt Hardy gelassen. Ausgiebig nutze ich diese einmalige Gelegenheit, einen Grizzly unter dem Schutz von Hardys *pumpgun* in Ruhe abzulichten. Zu meinem Foto von Hardy und einem Lachs (s. S. 110) komme ich dann später am Nachmittag auch noch. In den nächsten Tagen sind wir noch oft mit unserem Gastgeber, der für uns schnell zum Freund wurde, auf den Flüssen und Seen am Rande des *Kluane National Park* unterwegs. Er zeigt uns, wie wir am besten am Kathleen River und auf dem Rainbow Lake nach Regenbogenforellen fischen und auf dem Dezadeash Lake einen Kanada-Hecht erfolgreich zum Beißen animieren können. Doch die *Dalton Trail Lodge* ist nicht nur eine empfehlenswerte Adresse für den Angel-Enthusiasten (in Deutschland und in der Schweiz wird sie exklusiv von Kingfisher-Reisen, Koblenz, vertreten), die Lodge bietet auch Wild-Beobachtungen und Trekking-Touren an. Einen besonderen Wandertip hat Hardy für uns am letzten Tag parat, sozusagen zur Einstimmung auf den Nationalpark. Der *St. Elias Lake Trail,* ein relativ leichter Wanderweg, der unmittelbar an der *Haines Road*, etwa 20 Kilometer südlich von der *Dalton Trail Lodge* beginnt und nach rund sechs Kilometern Fußmarsch an dem alpinen St.-Elias-See im *Kluane National Park* endet. Außer einem Verpflegungspaket bekommen wir von Trix einen kleinen Schlüssel mit auf den Weg. „Der ist für unser Kanu, das wir oben am See angekettet haben und das unsere Gäste benutzen können. Vergeßt aber nicht die Schwimmwesten", ruft sie uns zu, als wir zum Trail aufbrechen. Konstant steigt der gut markierte Wanderweg im ersten Drittel an, so daß wir schnell außer Puste geraten. Der Grund ist aber nicht nur das Gelände, es ist auch unser voluminöses Gepäck: eine Fototasche mit LEICA-Kleinbild-Kameras, ein Foto-Rucksack mit zwei Rollfilm-Kameras, eine Fuji-Panorama-Kamera im Format 6x17 cm und eine 6x12 cm WIDELUX-Panorama-Kamera, hinzu kommen noch zwei Paddel, zwei Schwimmwesten und ein Foto-Stativ. Doch unsere Mühe lohnt sich nicht, als wir am See eintreffen, regnet es wie aus Kübeln. Trotz des schlechten Wetters paddeln wir mit dem Kanu auf den See hinaus und beobachten ein Loon-Pärchen, Kanadas außergewöhnlichste Wasservögel. Ich bin froh, daß ich vor ein paar Jahren diese herrlichen Wassertaucher in der Provinz Saskatchewan schon einmal bei Sonnenschein aus nächster Nähe fotografieren konnte. Das Leben der Loons habe ich u. a. in meinem Bild-Text-Band „*Kanada – Saskatchewan*“ ausführlich beschrieben. Unser Wanderweg ist aber nicht der einzige, der in die östlichen Ausläufer der St. Elias Mountains führt. Ein besonders interessanter Trail ist die 21 Kilometer lange *Mush Lake Road*. Sie ist auf den ersten fünf Kilometern (dem Verlauf einer alten *mining road* folgend) sogar noch für zweiradangetriebene Fahrzeuge geeignet. Der Trail beginnt bei Kilometer 54 an der *Haines Road*, wo die seit 1972 geschlossene *Dezadeash Lodge*, eine ehemalige Tankstelle mit Motel, steht. Im ersten Teilstück werden einige namenlose Bäche durchquert, die durch ein weites, bewaldetes Tal fließen. Nach fünf Kilometern, am Alder Creek, der von einer kleinen Hängebrücke für Fußgänger überspannt wird, teilt sich die Strecke. Nach rechts geht es zum *Cottonwood Trail*, einem 85 Kilometer langen Wanderweg, und nach links, es geht wiederum durch einige Bäche, zum Mush Lake. Fährt man weiter auf der *Haines Road* in Richtung Alaska, erreicht man bei Kilometer 91 den Chilkat Pass, der mit 1065 Metern der höchste Punkt der Straße ist. Bis zum Grenzübergang muß man dann noch einmal 128 Kilometer weit fahren. Die US-Grenzstation *Dalton Cache* ist aber nur zwischen 7.00 und 23.00 Uhr (Alaskazeit) passierbar. Danach beginnt schon bald eines der außergewöhnlichsten Adler-Schutzgebiete in Nordamerika. Im Herbst kann man hier in der *Alaska Chilkat Bald Eagle Reserve* über 3000 Adler beobachten, die auf Lachsfang sind. Ohne Zweifel bietet das *Valley of the Eagles* eine der besten Möglichkeiten in ganz Nordamerika, Adler in freier Wildbahn zu erleben. Nähere Infos gibt es hierzu vom *Haines Visitor Bureau*, P.O. Box 518, Haines, Alaska 99827. Wir haben den Endpunkt der *Haines Road* erreicht. Wenn man auf der *Haines Road* unterwegs ist, sollte man auf jeden Fall bis zum Fährhafen Haines fahren. Schon allein wegen des imposanten Gebirgspanoramas am schneebedeckten Chilkat Mountain Range lohnt sich die Reise zum *Dtheshuh,* wie die Indianer vom Stamm der Tinglit diesen Platz nannten, was übersetzt heißt: Am Ende des Weges. Auch heute noch existiert in dieser Region eine lebendige indianische Kultur. Besonders während des Sommers kann man in einem reich verzierten traditionellen *longhouse* sehenswerte Tanz-Zeremonien der *Chilkat Indian Dancers* erleben oder einem der 50 Totem-Schnitzer bei seiner Arbeit zusehen.

Seite 110:
Die besten und größten Lachse des Yukon kann man am Tatshenshini River angeln, der sein Quellgewässer im Kluane National Park hat. Hier hält unser „fishing guide“ Hardy einen „Coho“-Lachs in der Hand.

Seite 111:
Ideal für das Angeln auf Hechte: der Dezadeash Lake an der Haines Road. Diesen Riesen-Hecht hatte meine Frau schon nach wenigen Minuten aus dem Wasser gezogen. Aufgrund seiner Größe und seines geschätzten Alters ließen wir ihn wieder schwimmen, denn Hardy meinte, daß dieser alte „Northern Pike“ nicht mehr schmecken würde.

RCMP

TRAIL LODGE

Kluane National Park

Seite 114 oben:
Der Kathleen Lake Campground im Kluane National Park bietet nicht nur dem mobilen Besucher ideale Möglichkeiten für einen abenteuerlichen Urlaub, der passionierte Angler kann hier ebenfalls zu traumhaften Angelerlebnissen kommen.

Seite 114 unten links:
Scheu und meistens nachts auf der Jagd, der kanadische Luchs.

Seite 114 unten rechts:
Wenn man einen Grizzlybären in dieser entspannten Position so hautnah erlebt, sind die Chancen für einen langsamen Rückzug noch sehr groß. Fotografiert mit einem 300-mm-Teleobjektiv und einer LEICA R6.

Seite 115 oben:
Mit 409 Quadratkilometern ist der Kluane Lake der größte See im Yukon-Territorium. Seine westliche Uferlinie folgt in weiten Teilen dem Straßenverlauf des Alaska Highways.

Seite 115 unten links:
In den Sanddünen der „Carcross Desert" findet man die Yukon Beardtongue, eine blaublütige Blume aus der Familie der Rachenblütler.

Seite 115 unten rechts:
Das Hahnenfußgewächs, die Western-Akelei (Aquilegia formosa) hat seine größte Verbreitung in den Bergregionen des Yukon.

„Natürlich können Sie auch mit einem Fahrzeug in den *Kluane National Park* fahren! Wer hat Ihnen denn erzählt, daß es im Park keine Fahrwege gibt?" ereifert sich Brent Liddle, der zur Zeit als Chef des Nationalparks das wohl imposanteste Schutzgebiet in Kanada verwaltet. Sein Büro liegt im Keller des *Visitor Centre* von Haines Junction, dem 600 Einwohner zählenden Versorgungsort am *Alaska Highway*, in den jeden Sommer rund 45 000 Yukon-Alaska-Besucher strömen. Wie schon viele vor uns betrachten wir beeindruckt vom Highway aus das größte zusammenhängende Gletschergebiet des nordamerikanischen Kontinents. Damals, vor zehn Jahren, als wir das erste Mal an der Kluane Range, dem 2000 Meter hohen Vorgebirge der über 5000 Meter hohen St. Elias Mountains vorbeifuhren, bedauerten wir, daß man nur auf Schusters Rappen in den Park hineinkommt. So hatten wir es jedenfalls in vielen Reiseführern gelesen. Aber nun zeigt uns Brent Liddle neue Möglichkeiten, den Nationalpark zu erleben. Darüber sind wir sehr froh, denn wir haben nur unseren begrenzten Urlaub für den *Yukon* zur Verfügung, und eine tagelange Wanderung durch den *Kluane National Park* würde zuviel von unserer verfügbaren Zeit verbrauchen. An einer riesigen Landkarte, die eine Wand seines Büros ziert, zeigt uns Brent, welche Fahrwege in den Nationalpark führen, und wo wir mit ziemlicher Sicherheit Bären, Cariboos oder Schneeziegen beobachten können. Bei einer Gesamtfläche von 22 000 Quadratkilometern, die etwas größer ist als das Bundesland Hessen, erschließen allerdings die Straßen, die nur 40 Kilometer weit hinein reichen, lediglich winzig kleine Ausschnitte des Nationalparks. Doch diese bieten schon einmalige Einblicke in das 1972 gegründete Wildnis-Schutzgebiet. Das Schutzgebiet besteht zu zwei Dritteln aus den schnee- und eisbedeckten St. Elias Mountains, die übrigens ihren Namen von dem Entdecker Vitus Bering bekommen haben, der als erster Weißer 1741 am Sankt-Elias-Tag die Berge von seinem Schiff aus sichtete. Beim Überfliegen kann man große breite Moränen entdecken, die wie breite Straßen aussehen, sie gehören zum größten außerpolaren Gletschersystem unserer Erde. Es sind Eisströme (s. S. 118/119), die Unmengen von Geröll in schwarzen Streifen zu Tal befördern. Über die gigantischen Fels- und Eisriesen ragt als Krönung der 5959 Meter hohe Mount Logan empor, Kanadas höchster Gipfel. Jahrzehntelang war man sich nicht über seine wahre Höhe einig. Erst eine Expedition der *Canadian Geographic Society* brachte am 6. Juni 1992 mittels einer auf Satellitenmessung basierenden Technologie (*Global Positioning System*) endgültige Klarheit. Die beste Möglichkeit, einen umfassenden Einblick in die urwüchsige Landschaft der Eisriesen zu bekommen, ist eine „flight-seeing-tour". Hierzu hat man uns den Wasserflugzeugpiloten Erick Oles von *Sifton Air*, Postbox 5419, Whitehorse, Y0B 1L0, empfohlen. Seine *float base* liegt am Pine Lake, einem See unmittelbar am *Alaska Highway* bei Haines Junction.

Da Erick den ganzen Tag Fluggäste hat,

können wir erst um 21.00 Uhr losfliegen. Der verspätete Abflug erweist sich aber als Glücksfall, denn im weichen Licht der Mitternachtssonne lassen sich die weiten, eindrucksvollen Gletschertäler besonders gut fotografieren. Nachdem wir die weitverzweigten Flußtäler des Dezadeash und Alsek River überqueren und einige Dreitausender hinter uns lassen, muß unser Pilot seine Cessna ungewöhnlich hochschrauben, denn wir überfliegen den 4500 Meter hohen Mt. Hubbard, der unmittelbar an der Grenze zu Alaska aufragt. Der Flug bietet lange, unvergeßliche Blicke auf eine unberührte Bergwelt aus einer Höhe, in der schließlich die Kunststoffscheiben des Wasserflugzeuges teilweise zufrieren. Erst nach 23.00 Uhr landen wir wieder am Pine Lake, wo die Strahlen der Junisonne den See in ein unwirkliches rotes Licht tauchen. Ein weiterer Glücksfall ergibt sich in den nächsten Tagen, als wir bei Brent im *Visitor Centre* vorbeischauen und den Seismographen bewundern, der sehr sensibel die Erdbewegungen aufzeichnet. „Ich habe schon vergeblich versucht, dich über Hardy zu erreichen", ruft mir Brent zu. „Hast du Lust, Schafe zu zählen?" Ohne genau zu wissen, was da auf mich zukommen mag, sage ich spontan ja. „Wir wollen mit dem Hubschrauber die Population der Bergschafe an den Sheep Mountains zählen. Ein Platz ist zufällig frei, und der ist, wenn du willst, für dich reserviert", klärt er mich auf. „Du mußt dich aber beeilen, der Hubschrauber der *Trans Air North* wartet schon am Heli-Pad." Eingekeilt zwischen Park-Rangern, die mit Ferngläsern bewaffnet sind und die Bergrücken absuchen, sitze ich wenig später im Hubschrauber, der in langsamem Flug oberhalb des Kluane-Sees über die Sheep Mountains schwebt. Bei diesem sonnenüberfluteten Hubschrauberflug zählen die Park-Ranger über 2000 Bergschafe. Als die rote Benzin-Warnlampe aufleuchtet, ist die Zählung gerade beendet, und der Hubschrauber dreht zum Rückflug ab. Wer etwas mehr Zeit mitbringt, sollte unbedingt auf einem der 23 ausgewiesenen Wanderwege den *Kluane National Park* erkunden. Für uns war der Alsek Trail, der bei der Meile 1022 am *Alaska Highway* beginnt und nach über 20 Kilometern Fahrtstrecke an einer Schranke im Park endet, einer der eindrucksvollsten Fahrwege im Nationalpark. Die ersten 15 Kilometer des rauhen Weges führen durch einige Flußtäler, in denen ein Allrad-Fahrzeug vorteilhaft ist. Im Grizzly-Bären-Gebiet müssen Geröllhalden mit dicken Felsbrocken überwunden werden. Aber am Ende des Trails belohnt den Besucher eine herrliche Aussicht, die weit in die Täler der Front Range reicht. Leider reicht der verfügbare Platz dieses Buches nicht aus, um die restlichen befahrbaren Wege des Parks ausgiebig zu beschreiben, doch dieses hat auch sein gutes, denn somit hat jeder Leser noch genügend Freiraum für eigene Entdeckungen. Ich hoffe, daß es mir trotzdem gelungen ist, mit diesem Bild-Text-Band das Interesse an einer der schönsten Wildnis-Regionen unserer Erde zu wecken und den einen oder anderen Leser zu ermuntern, selbst einmal das „Abenteuer Yukon" zu erleben.

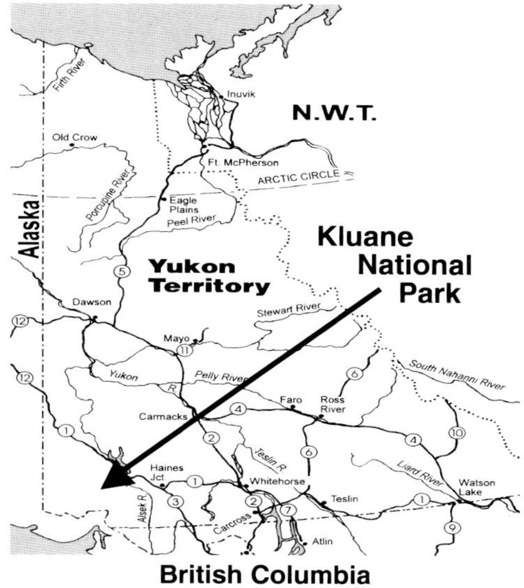

Seiten 116/117:
Ein Hubschrauberflug mit der Trans Air North bietet einmalige Eindrücke in den Kluane National Park, Kanadas größten Bergpark. Fotografiert mit einer Panoramakamera auf FUJI Velvia Rollfilm.

Seiten 118/119:
Der Kaskawulsh-Gletscher, gelegen in den St. Elias Mountains des Kluane National Parks, gehört zum weltweit größten Eisfeld außerhalb des Polarkreises. Wie Straßen sehen die mächtigen Eisströme der Gletscher aus, die im Hintergrund von dem 5959 m hohen Mount Logan, Kanadas höchsten Berg, überragt werden. Um dieses imposante Naturschauspiel verwacklungsfrei fotografieren zu können, sollte man das Tragflächenflugzeug von Erick Oles chartern, einem routinierten Piloten aus Haines Junction.

Seite 120:
Wenn um Mitternacht, zur Sonnenwende, die Sonne im Tal des Yukon River versinkt, finden sich viele Schaulustige auf dem Midgnight Dome, dem Hausberg von Dawson City, ein.